LA COMMUNION UNIVERSELLE DES AMES

DANS L'AMOUR DIVIN

GRANDE SÉANCE MENSUELLE DU VINGT-SEPT

DU MÊME AUTEUR

Prophètes et Prophéties, devenu raro........ 5 fr.
— — Edition de Hollande, reliure de luxe 25 fr.

Cet ouvrage, paru en 1883, *contient les avertissements des actualités spiritualistes présentes et des évènements attendus.*

Souvenirs et impressions d'un médium. (Vie spiritualiste de l'auteur).

Fra Popoli. Histoire allégorique prophétique, inspirée par l'auteur des *Histoires extraordinaires.*

Ces deux ouvrages sont contenus dans le tome I et le tome II de la Lumière. *On ne peut point les séparer de la collection.*

Ils reparaîtront dans la Petite Bibliothèque de la Lumière.

LA LUMIÈRE

Revue mensuelle existant depuis l'année 1882.

Prix de l'abonnement pour la France : **6** fr.
— — pour l'étranger : **7** fr.
Un numéro.................................. **50** cent.

A l'exception du 1er volume, tous les volumes de la *Lumière* peuvent être vendus séparément : 10 fr. Le port en plus.

PETITE BIBLIOTHÈQUE DE LA « LUMIÈRE »

HAB

LA COMMUNION UNIVERSELLE DES AMES DANS L'AMOUR DIVIN

GRANDE SÉANCE MENSUELLE DU VINGT-SEPT

> Le *grand commandement de* la Communion d'amour universel, *renferme la souveraine loi vitale du* Nouveau Monde, du monde spiritualisé.
> VOIX DES ESPRITS.

PARIS
« LA LUMIÈRE » BOULEVARD MONTMORENCY, 97.
1892

SIGNAL DE LA NOUVELLE ÈRE

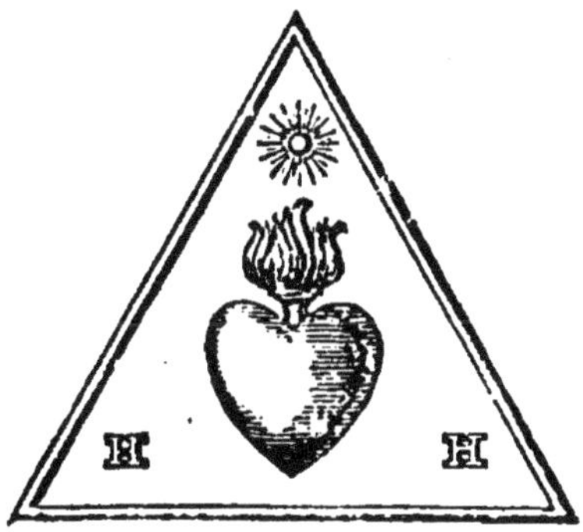

Amour, Sagesse, Vérité

Aimez-vous les uns les autres.

Souffrez patiemment, vous serez victorieux par le Signe de Rénovation.

La divine fusion d'amour ne peut être représentée que par le Cœur embrasé résidant au centre de la Force de Dieu Créateur.

Je suis venu souffrir, et toutes les âmes unies à mon cœur ont souffert avec moi.

Je viendrai dans le triomphe et la gloire, et toutes les âmes unies à mon cœur seront triomphantes et glorieuses avec moi.

Trois fois saint, trois fois béni, trois fois aimé le Père qui a donné Sa Vie et les mystères de sa Vie et les douceurs de Son Cœur aux hommes, par l'effusion de son Esprit de Lumière, de Sagesse et de Vérité. JÉSUS EMMANUEL.

LE SIGNE DE RÉNOVATION

« Toutes les religions sont invitées à se réunir et à s'unir sous la nouvelle bannière, celle du NOUVEAU SPIRITUALISME.

«...Toutes les religions ont fourni au Monde leur Signe symbolique. »

Le Signe du Nouveau Spiritualisme est le vrai signe de Rénovation.

« Le Signe apporté par Emmanuel veut dire : AMOUR, SAGESSE, VÉRITÉ. »

Il signifie, en son Symbole sacré, que par l'Amour, il féconde tout ; par la Sagesse, il instruit de tout ; par la Vérité, il donne tout au sein même de la Divinité qui est, qui sauve et qui appelle.

Ce Signe symbolique marque le Règne de la Justice en faisant comprendre l'Amour et la Vérité. Il apporte la Paix : c'est par lui que les cœurs des pères et des enfants s'uniront. Ce Signe est donc aussi : AMOUR, JUSTICE, VÉRITÉ, PAIX.

Il est fort, au-dessus des forces ; toutes les forces sont contenues en Lui. Il renferme les lois de la Vie et la divine Parole. Il répand déjà sur le Monde ses trésors spirituels, par le point lumineux qui porte dans ses rayons embrasés un mot puissant et révélateur au-dessus de tous.

Que l'homme de bonne volonté et de foi aime, apprenne et s'élève par la Vertu de ce Signe qui supplée à tous les autres ! »

ESPRIT SALEM (*La Lumière*, nos 81, 82).

INTRODUCTION

Si jamais un livre fut fait sincèrement pour le bonheur humain, c'est assurément celui-ci.

Il vient prêcher le pur Amour, le grand Amour, tel que Dieu nous en mit la secrète flamme au plus profond de notre être, à tous, pour que notre salut final et le triomphe dans Sa Gloire nous soient assurés. Il vient rendre cette flamme sensiblement douce en ceux chez qui elle ne s'était pas encore éveillée ; active chez les atrophiés d'indifférence spiritualiste qui n'avaient pas encore su penser. Il vient dire aux aimants tout le bien qu'ils peuvent faire ; aux affligés, toutes les consolations qu'ils peuvent avoir. Il vient manifester une force. Cette force est plus forte que tous les arguments des scientistes, envahisseurs au nom des théories matérialistes ; elle est plus puissante par son action, dans la sphère des solidarités magnétiques, que toutes les manœuvres des expérimentateurs télépathiques, suggestionneurs et autres qualificatifs à la mode. C'est la Lumière qu'il apporte dans les gouffres noirs de la magie satanique ; c'est la Vie qu'il veut répandre dans les régions de la mort. Il vient vaincre la mort et tous les maux qui forment son sinistre cortège.

Ce petit livre est, d'un bout à l'autre, une méditation sur les *forces inconnues*. Pour les âmes préparées à recevoir le nouvel influx vital, il renferme toute une révélation et donne un signal.

Le modeste auteur signant ce petit livre des trois premières lettres d'un nom symbolique qui le couvre et le couve comme sous une lumière ardente, aurait-il donc la prétention ou la folie de se croire plus informé des choses célestes que nul autre ? Possèderait-il la vraie science infuse ?

Non, l'auteur n'a rien appris de plus que ce qu'il a pu lire et éprouver dans son âme; sa force lui vient de la conscience du devoir à accomplir, quels qu'en soient les sacrifices ; son cœur parle à tous les cœurs dans le cri suprême du vieux monde qui s'écrase et du monde nouveau qui s'élève ; il veut faire entendre des paroles imprimées en lui dès son berceau, dans la présente existence terrestre, avant l'avènement du spiritisme.

L'auteur va donc nous dire que ce sont les Esprits qui, en réalité, publient ce livre ?

Oui, ce sont les grands Invisibles qui ont présidé à l'établissement de l'œuvre dont il va être question. Dieu leur a inspiré que la rénovation du monde, depuis si longtemps attendue, ne pouvait être chose accomplie sans la fusion des êtres et des mondes dans Son souverain magnétisme.

Mais, l'évocation des morts est chose défendue par les textes sacrés !

Je réponds à cette observation que, pour développer le plan de sa création, Dieu n'a pas dit qu'il faudrait évoquer les Esprits, c'est certain. Aussi, n'en ai-je point évoqué et Dieu a-t-il fait ce qu'il a voulu de moi. Le *vent* (inspiration) *ne souffle-t-il pas où Dieu veut ?* Il a été dit, dans les textes sacrés, de ne pas évoquer tout Esprit; de savoir discerner *quels sont les Esprits de Dieu et quels sont ceux qui ne sont pas de Dieu.* Au lecteur de juger les inspirateurs et leur humble instrument, à la lecture de ces pages. En attendant que l'on puisse fournir la preuve que cet acte est coupable, moi j'agis sans peur et sans reproche. Je laisse intervenir les Esprits que je n'ai point évoqués, mais qui, ayant quelque chose à dire, savent solliciter les mortels par ordre d'en Haut. Je garde la conviction que j'apporte ici les éléments du bonheur pour tous, le secret de la force des forces et l'initiation à une vie nouvelle perfectionnée; tout cela, au sein des solidarités qui relient les êtres de tous les mondes en Dieu même.

Que les Esprits, saints ouvriers de Dieu, que le grand Emmanuel proclament les Vérités intraduisibles par les mortels seuls !

Que la Lumière soit !!

HAB.

LA COMMUNION UNIVERSELLE DES AMES

DANS L'AMOUR DIVIN

GRANDE SÉANCE MENSUELLE DU VINGT-SEPT

« L'étincelle est portée par le vent, tout s'embrasera. »
VOIX DES ESPRITS.

I.

FONDATION

DE LA

SÉANCE UNIVERSELLE DU VINGT-SEPT

Le 27 de chaque mois, à 8 heures du soir, heure de Paris, et aux heures correspondantes dans tous les pays du monde, des milliers de personnes se recueillent. Une seule pensée les unit, un seul désir les anime : c'est une pensée d'amour en Dieu et le désir d'étendre à toute l'humanité, la somme de connaissances spiritualistes et de bonheur qui est le partage des enfants de Lumière.

On a donné à cette pratique mensuelle le nom générique de *Communion des âmes* ou *Communion d'amour universel.* C'est, en réalité, la formation de l'Alliance universelle de tous temps prédite.

Elle était annoncée depuis longtemps et préparée dans toutes les nations, par les forces spirituelles qui régissent notre planète.

Le porte-voix humain de cet ordre d'en Haut se fit entendre du pays de Salem. L'Amérique le mit en pratique la première en 1887.

Un avertissement nous fut donné avec solennité et le *Fluide Nouveau* ou *Vague de feu spirituel,* nous fut entièrement révélé en nous-mêmes le 17 et le 21 juin 1884. Ces dates marquaient pour nous le commencement d'une Ere souverainement importante pour le monde des hommes et tous les mondes reliés entre eux.

Le 20 septembre 1885, le Signe distinctif du ralliement universel et de la Rénovation, qui nous avait été montré en 1884, fut sanctionné et adopté définitivement, à la suite d'une consécration spéciale du plus grand Esprit qu'il nous soit donné de connaître. On nous dit que les Esprits eux-mêmes en apporteraient plus tard aux hommes, et en leur apparaissant dans des conditions splendides, une explication plus détaillée. Nous reçûmes ce Signe sous sa forme simple et en toute simplicité de cœur (1) :

C'était un Signe prophétique d'une souveraine importance, dont nous attendions des effets généraux et particuliers pour la suite des temps. Il représentait un *Cœur embrasé* au milieu d'un triangle, ainsi qu'on le voit en tête de ce livre.

Le plan de rénovation poursuivi par le monde invisible nécessitait des moyens différents, selon les nations, ainsi que des interventions humaines diverses. Pour notre part, dans le groupe intime que nous formions, nous étions entré dans une voie de révélations extraordinaires dès l'année 1877. Ces révélations se succédèrent graduellement, avec lenteur et méthode, puis se caractérisèrent de 1880 à 1882, au point de nous faire abandonner tout pour fonder la revue la « Lumière » et pour marcher vers le but d'un avenir spécial annoncé.

Nos débuts dans la voie nouvelle furent des plus pénibles, nous n'en parlerons pas.

Enfin, quelle ne fut pas notre joie, lorsque nous apprîmes que, de tous les points du monde, les avertissements concordaient entre eux.

---

(1) Les collectionneurs de la *Lumière* voudront bien lire les n°s 81, 82 du 28 février 1886, et tout particulièrement les pages 155 et 159 du n° 92; le n° 93, de la page 163 à la page 168, où sont contenues les preuves de nos assertions et des communications importantes.

Le secret de nos révélations, qui nous pesait à force d'être intime dans une majestueuse grandeur, prenait une forme universalisée. C'était le commencement d'une série de révélations extérieures, venant corroborer nos pensées les plus profondes et leur donner corps pour ainsi dire.

Il était dit, dans les décrets divins, que la Communion d'amour universel serait le plus puissant levier des évènements pressentis.

Pour nous, ces évènements étaient entrevus sous toutes les faces : ils étaient politiques, sociaux, religieux, mais, par dessus tout, prodigieux à un point de vue des plus ignorés et mystérieux, touchant les lois vitales, tant physiologiques que psychologiques. Il me serait bien difficile de préciser ma pensée à ce sujet ; je ne l'ai essayé devant nul être au monde, tant je craindrais de travestir encore la Pensée créatrice et tant j'ai conscience de mon infériorité. Laissons parler la voix de Dieu à Son Heure.

Ce que nous attendions d'une grande alliance fraternelle entre les âmes préparées par Dieu, un inspiré, à l'autre bout du monde, dans l'Orégon, en donna le signal. Nous reproduisîmes ainsi l'appel de notre confrère :

« *The World's Advance Thougt. — Avant Courier of the new spiritual dispensation,* grand journal de Salem, fait appel à tous les spiritualistes de l'univers, dans le but de concentrer les forces fluidiques par une Communion d'amour. L'association de Salem déclare vouloir « chercher les hautes vérités « et assurer la paix universelle au moyen de l'union « d'aspiration et de la concentration de pensée. »

« Le 27 de chaque mois, cette vaste Communion aura lieu. Les heures étant soumises à des différences de temps, selon les nationalités, chaque personne est invitée à observer ce fait et à se conformer à l'heure de son pays qui peut correspondre avec la douzième heure de Salem.

« La communion d'âmes durera trente minutes. Pendant ce temps, « le *moi* devra disparaître et cha- « que âme s'abandonnera exclusivement au sentiment « de l'amour universel. »

Nous faisions suivre ces lignes de celles-ci :

« Que tous ceux qui veulent véritablement le bonheur des individus et le triomphe social dans la fusion de l'amour vaste et généreux qu'on peut appeler divin, répondent à cet appel ! »

C'est l'appel de la « Lumière » même !!! ajoutions-nous. Et nous avions bien des raisons pour le dire.

Nos frères de Salem songeaient à « assurer la paix universelle ». Nous aussi, sans doute ; mais notre but, d'après nos révélations, surpassait encore toute considération humanitaire. Nous entrevoyions, par cette pratique, une œuvre de régénération étendue jusque dans le plan spiritualiste le plus élevé. A Salem on voulait « chercher les grandes vérités ; » à Paris, on croyait n'avoir à demander qu'à faire mûrir les forces déjà en grande quoique très discrète action. L'heure était venue pour nous, de réaliser l'alliance universelle par une séance harmonique des groupes du monde, destinée à unir les instruments dont Dieu avait besoin pour faire éclore les prodiges de Son amour. N'est-il pas merveilleux de voir ainsi converger vers un même but des frères très éloignés les uns des autres ?

Notre Signe, le Cœur embrasé dans le triangle, agrandissait le champ de nos devoirs et illuminait notre horizon d'une espérance que de Salem on n'avait pas évoquée. Il s'agissait pour nous de marcher vers l'accomplissement de nouveaux phénomènes par une puissante fusion dans un immense et prodigieux magnétisme, sous l'œil de Dieu.

Et c'est en quoi cette Communion nous est particulière, tout en nous ralliant complètement de cœur et d'âme à nos frères d'outre-mer, qui l'envisagent comme une pratique de simple fraternité universelle.

La directrice de la *Lumière* fit une réponse empressée et admirative à son confrère américain. Voici cette réponse. Le lecteur perspicace y pourra lire entre les lignes toutes les grandes espérances dont je viens de parler et qui éclairaient mon âme dans les troubles et les tristesses de l'ingrate et pénible mission spiritualiste que je m'étais donnée :

« Je suis en complète sympathie avec la Communion d'amour universel pour les raisons suivantes :

« 1° Elle est une expression sublime de sacrifice et d'amour dévoué.

« 2° Elle peut produire des résultats spiritualistes d'une valeur inestimable : c'est la fusion des âmes pour l'union des mondes.

« 3° Elle confirme les révélations prophétiques données par les guides de la *Lumière* et ne peut manquer, par son influence puissante, de déterminer la nature et l'action des missions diverses d'intérêt général ou particulier. »

La *Lumière*, dès lors, fit flotter courageusement son étendard de la Communion d'amour universel, conviant tous ses confrères de Paris et d'ailleurs à propager cette pratique considérée comme un ordre du ciel.

Les adhésions arrivèrent en grand nombre de la France et de l'étranger. On en reproduisit quelques-unes dans la *Lumière*, nos 96 et suivants, tome IV. Depuis lors, il n'y eut jamais d'interruption dans le magnifique élan de nos lecteurs ; leurs listes s'allongèrent de plus en plus des noms de leurs parents et amis, de tous ceux qui voulaient ensemble et d'un seul cœur se conformer à cette pratique de salut.

Il faudrait lire ici ces adhésions, les unes calmes et convaincues, les autres débordant d'un grand enthousiasme, lequel apportait l'assurance d'un concours puissant, actif, en faveur d'un entraînement si nécessaire aux débuts de toute fondation. Elles nous arrivaient de l'Amérique du Nord et de l'Amérique du Sud, par les Français y résidant; de la République argentine, de la Californie, de l'Illinois, de l'Ohio, d'Idaho, de Washington, de Marathon, du Chili, de Cuba, des Antilles, du Mexique, du Brésil, de la Colombie, de l'Australie, du Canada, de la Russie, de l'Egypte, de la Bulgarie, de la Galicie autrichienne, de la Bavière, de la Hollande, de l'Italie, de la Suisse, de la Belgique, de l'Espagne, du Portugal, de la Tunisie, de l'Algérie et de tous les coins de la France, la *Lumière* étant répandue dans tous ces pays. Mais nous ne reproduirons rien de ces belles preuves écrites de la foi de nos correspondants, car il en faudrait remplir tout un livre d'abord, et aussi, parce que les termes de la plupart des adhésions sont tellement louangeurs à notre sujet, que les ombrageux de tout bien se faisant en dehors d'eux, en concevraient mille ténébreuses pensées et prononceraient ou écriraient de méchantes paroles contre nous. Il convient de leur éviter une nouvelle occasion de tomber dans une erreur grossière sur nos sentiments et de commettre des fautes graves en suspectant nos actes. Le moment viendra, pour nos ennemis, de s'amender, c'est certain ; il ne faut pas que nous, les pratiquants d'amour, nous retardions pour eux ce moment, faute de garder au fond de notre cœur tout ce qu'une foule affectueuse et dévouée nous y a infiltré de suave et d'encourageant.

Les bons effets de la Communion des âmes suivirent de si près les adhésions, que nous en pleurions de joie à la lecture.

« The World's advance Thought » écrivait bientôt avec grande fraternité et éloges à tous les Français-Américains. Il engageait « tous ceux qui ont des pensées larges et élevées et de hautes aspirations, à regarder du côté où Mme Grange (Hab), *the propheless editress*, prend une part si active à l'œuvre immense, que son drapeau flotte déjà victorieusement en vue de partout ».

En novembre 1887, le journal américain racontait à ses lecteurs un fait particulier qu'il faut bien faire connaître, afin d'éviter tout quiproquo chez les Européens.

Il disait : « Lucie Grange est née le 27 octobre, Salem est le nom de son « guide », *ange gardien;* c'est là une coïncidence extraordinaire. Nous ne doutons pas de la haute mission que Lucie Grange et la *Lumière* ont à remplir dans le monde ; il n'est pas improbable que Paris étant un des grands centres de la civilisation moderne, cet endroit n'ait été choisi pour la propagation de la Dispensation Nouvelle ».

La coïncidence est, en effet, curieuse.

Avis aux lecteurs de ce petit livre : qu'ils ne confondent point désormais le pays de Salem et l'Esprit Salem. Comme on le voit, la remarque était nécessaire afin d'établir la différence.

Salem est un Esprit souverainement grand et puissant, dont je n'ai pas à révéler moi-même les attributions. Il saura répandre la vérité sur lui et ceux qui l'aident, quand le moment en sera venu.

Les réunions de l'Union des Ames ont commencé à la « Lumière » le 27 octobre de l'année 1887, exactement le jour anniversaire de la naissance de sa directrice, sans que cela ait été combiné par les hommes. Les circonstances ont amené ce fait d'elles-mêmes, mais, les guides avouèrent n'y avoir pas été étrangers et avoir, au contraire, tout préparé, selon le plan de Dieu, en vue de l'établissement de la Fraternité universelle dans une unique Vérité, celle du Nouveau-Spiritualisme, d'où surgiront des phénomènes décisifs et tout un monde nouveau.

II

CONSIDÉRATIONS GÉNÉRALES

SUR LA

COMMUNION UNIVERSELLE DES AMES

DANS L'AMOUR DIVIN

Conditions et effets de la pratique du Vingt-Sept.

Les grandes âmes ont senti la nécessité d'une Communion d'amour. Cette Communion est, par les voies fluidiques dans l'immensité, la force embrasée qui purifiera l'atmosphère terrestre et soulèvera le monde. Une Communion d'amour universel qui ne se pratiquerait qu'entre adeptes d'une seule religion ou partisans d'une idée plus ou moins humanitaire, serait chose incomplète. Il appartenait au spiritualisme indépendant, qui est de toutes les religions, de déployer l'étendard pour une Communion universelle, non seulement sur la Terre, mais en l'Infini : une Communion d'âmes terriennes et sidérales, une Communion qui soit, en un mot, l'union de la Terre et des Cieux. La fusion d'amour entre toutes les âmes reliées à travers les mondes par des rayons de feux sous l'influx divin, va produire la grande fécondation magnétique au sein de la Nature, qui tressaille d'un avènement nouveau depuis si longtemps attendu !

Le travail des fluides est formidable en ce moment. On a dit, avec raison, que notre siècle était le siècle des fluides ; les découvertes scientifiques l'attestent. Mais, dans l'ordre spiritualiste, il s'opère un mouvement autrement grand que sur la terre au sein des matières impondérables. Les faits psychiques marchent à pas de géant ; ils n'ont d'entraves que par le mauvais vouloir des hommes et leur incrédulité, ainsi que par l'orgueil humain systématique et égoïste à outrance. N'importe, le Règne de l'Esprit s'affirme de plus en plus, le grand inconnu du monde invisible dépouille peu à peu ses voiles. Nous marchons à la Vérité par des révélations partielles, en attendant la sublime Révélation annoncée. Ceux qui communient avec le grand invisible sont ses co-associés pour l'œuvre régénératrice.

Il est si vrai que le monde des hommes et le monde des Esprits se sont rapprochés au point de ne faire plus qu'un ; il est si vrai que la Terre, les espaces et leurs habitants sont mûrs pour un nouvel ordre de choses, que, maintenant, l'on ne s'étonne même plus de converser d'un monde à l'autre, instantanément, avec puissance et précision. L'accoustique nous avait déjà donné la merveille du son direct de la voix ; *le grand magnétisme de la Communion d'amour nous donnera celle des vibrations intimes du cœur.* Hommes et Esprits mêlés, nous lancerons tous des notes dans l'accord majestueux qui commence la plus belle page des symphonies divines. Les ouvriers de Dieu sont des élus de l'idéal et des bénis de l'amour.

Le mot *d'élu* ne doit plus signifier « prédestiné par fantaisie arbitraire, » au préjudice du plus grand nombre. Il est synonyme de « vainqueur ». L'élu, c'est celui qui a su entendre toutes les voix des passions et toutes les incitations des partis, sans défaillir moralement et sans transiger avec sa conscience. Nous pouvons, nous devons être tous des élus. Si *élu* peut signifier *prédestiné*, nous sommes élus tous, bons et mauvais, dans la prédestination universelle du plan divin.

S'il n'y a pas d'élection arbitraire, il n'y a pas non plus de déchéance fatale éternelle, pas de malédiction qui ne se puisse lever, pas de malheur absolu. A travers les mondes et les siècles, les déshérités et les souffrants ne le sont que d'une manière transitoire; leur situation peut se comparer à celle du voyageur égaré dans sa route, ayant besoin d'un guide pour retrouver le bon chemin.

Par la Communion d'amour, *nous formerons un ambiant bienfaisant pour envelopper le malade, réconforter le pauvre, protéger le persécuté, soutenir le martyr.*

Faire la Communion d'amour, c'est vouloir le bonheur des autres plus que le sien propre et y contribuer de tout le pouvoir de son cœur.

Vouloir le bien, c'est déjà le faire.

Certains faux savants, des esprits systématiques, des sectaires farouches, les écraseurs d'idéal, les énergumènes matérialistes, sensualistes et néantistes, viennent jeter des notes discordantes dans la suave harmonie spirituelle; mais elles resteront sans écho et les instruments se briseront contre les remparts fluidiques.

On a agité cette question, à savoir : *Faut-il se connaître pour rendre cette Communion efficace ?*

Il y a deux réponses à cela.

Si vous communiez pour le triomphe de l'idée d'un homme, connaissez-vous; si vous communiez en union pure et simple avec la Pensée créatrice, à quoi bon ! Du reste, que vous vous connaissiez ou que vous ne vous connaissiez pas, une loi naturelle s'applique :

Si l'homme pour l'idée duquel vous voulez communier, n'est pas dans la bonne voie des plans divins, et que vous soyiez dans l'erreur sur son compte et lui aidiez de toute votre volonté, l'homme et l'idée ne triompheront pas plus qu'une graine dans un terrain impropre ; mais, tout ce que votre âme aura exhalé de pur, noble, généreux, dévoué, trouvera l'affinité dans le monde fluidique des Pensées et fructifiera. Pour la grande Culture *dans les terrains fluidiques de l'infini, les ailes du Zéphirâme* (1) *transportent les germes sains.*

Si, un homme avec qui vous croyez devoir ne pas communier, parce que son mandat ne vous inspire aucune confiance, possède, au contraire, la vérité et les vraies vertus qui font la puissance, cet homme n'en reçoit pas moins la part ineffable des trésors fluidiques à laquelle il a droit. Tout ce que vous pourriez faire pour le briser, l'affligerait, mais ne le détruirait pas ; vous le tueriez, que son Esprit n'en continuerait pas moins le bon travail commencé. De plus, les larmes du juste persécuté couleraient dans votre sang comme du plomb fondu. Ce n'est point que le juste se vengerait, mais, c'est ce que l'on nomme la justice de Dieu qui s'exercerait inexorablement. Et cette justice de Dieu, écrite en vous-même, serait appliquée par vos soins propres. Ce n'est pas là le fait d'une sentence, c'est une condition de votre être.

---

(1) Mot donné par les Esprits pour désigner les émanations aérifiques des voies habitées par le monde invisible où les terriens sont eux-mêmes reliés.

Cette loi de justice est le choc en retour, bien naturel, dont il est parlé dans la *Lumière*, n° 92, page 157.

Qu'on veuille bien le comprendre, cette loi du choc en retour est aussi simple et logique que celle qui fait que, la plupart du temps, on périt dans les pièges que l'on tend aux autres. C'est la même. *Les hommes peuvent tromper, se tromper ou être trompés ; sans cesse cette justice se fera jour et le bien triomphera de tout.*

Voilà pourquoi nous sommes si confiants, pourquoi nous convions tout le monde à une Communion universelle d'amour. *Nous avons la certitude que l'immense force mise en mouvement par cette union d'âmes, déterminera des actes de justice pour le bien général.* Il n'appartient à aucun de nous de chercher à exercer cette justice ; elle s'exerce d'elle-même.

Notre devoir est de nous unir tous, hommes et Esprits, en vue du bien dans l'amour divin même. En formulant ainsi notre vœu et en désirant que les voies de la sagesse divine s'éclairent pour toute l'humanité, et que les instruments de cette sagesse aient leur tâche facilitée, nous ne risquerons ni des désillusions, ni des défaites. *Formons le grand faisceau des Esprits de Lumière, en pensant bien plus au progrès de tous qu'aux satisfactions personnelles.*

La Communion d'amour, le mot le dit, c'est la

fraternisation, à travers l'espace, des âmes qui veulent le progrès et le bonheur de l'humanité dans la plus large acception. Ces âmes communient, c'est-à-dire fusionnent ensemble pour produire un suprême entraînement vers ce progrès qui conduit au bonheur tant désiré. Toutes ces âmes fusionnées reçoivent et dispensent au sein de l'harmonie parfaite, des bienfaits divins.

Le désintéressement du *moi* est demandé pendant trente minutes que doit durer cette Communion, selon les indications données, plus loin, au tableau des heures. Cela signifie que l'on doit faire trêve aux petites passions d'envie, de jalousie et autres; aux servilités terrestres de toutes natures, qu'elles aient pour maître et tyran le corps individuel ou le corps social, la politique ou la religion, la caste, la secte ou l'idée préconçue de la libre-pensée aux cent visages. Et qui donc n'a pas su comprendre cela? Ceux qui ne savent pas lire ou qui ne sont pas mûrs pour comprendre ; ceux qui ont la vue spirituelle courte, au point de ne pouvoir regarder un pur fil d'or, suspendu au sommet du labyrinthe social, sans frissonner, de peur qu'il ne soit un piège.

Puisque une âme bonne peut faire beaucoup de bien autour d'elle, qu'un groupe de ces âmes bonnes peut transformer avantageusement toute une cité, qu'une cité parfaite pourrait étendre le progrès moral et matériel à toutes les cités environnantes, et que ces cités, à leur tour, agrandiraient le cercle du bonheur pour tous, comment les âmes d'élite, se rencontrant dans l'espace et fusionnant de tous les points de l'Univers et de tous les mondes matériels et fluidiques, animés du désir de purifier les cloaques immondes, d'éclairer les ténèbres de l'ignorance et de vaincre tout mal, ne seraient-elles pas toutes-puissantes? Ces âmes unies sont unies dans le plan de Dieu et dépendent de ce Grand-Maître, l'arbitre de nos destinées.

La Communion d'amour est donc le plus puissant levier du progrès qu'il soit possible de mettre en œuvre. Par elle, nous accumulerons des forces pour réduire toute anarchie et répandre la Paix.

Un sociétaire de Portland nous écrivait :

« Le comité, représentant deux cent trente membres des parlements anglais, envoyé en Amérique pour y négocier un traité d'arbitrage paisible au sujet des disputes internationales, est un effet des forces universelles. Ceux qui entrent dans la Communion d'amour trouveront paix et bonheur; ceux qui restent en dehors seront à plaindre, parce que les forces universelles vont détruire toutes les conditions qui ne sont pas favorables à l'amour du prochain. »

Et cela est vrai, tout l'annonce. La résistance des hommes peut rendre terrible la crise finale des maux.

Il faut travailler à former un faisceau de paix en face des engins de guerre. Si les bons et les pacifiques ne savent s'unir pour conjurer les fléaux menaçants, qui ou quoi pourra les diminuer?

Vouloir la paix ne veut pas dire que nous puissions empêcher radicalement la guerre, mais que nous pouvons la rendre de plus en plus impossible.

D'un autre côté, si nous espérons de beaux jours promis, n'attendons-nous pas aussi de grandes calamités? Les cataclysmes ne sont-ils pas devant nous, sous nos pieds et sur notre tête? Ne voyons-nous pas venir, avec des guerres, les orages, la foudre, les tremblements de terre, les éruptions volcaniques, les effondrements, les inondations, les épidémies?

Le rayonnement de nos grandes espérances est troublé par nos pressentiments sinistres.

« L'orage gronde au loin et ses tentures sombres
S'étendent lentement sous les cieux remplis d'ombres:
Par dessus les grands monts, regardez-le venir!
Tout se tait; le vent souffle et le jour devient terne.

. . . .

UNE VOIX

« L'orage va venir!... Là-bas, au fond des nues,
« Plus loin que l'horizon aux plaines inconnues,
« Il gronde... Il court! Bientôt il planera sur nous!
« Écoutez!... Approchez votre oreille de terre,
« C'est le roulement sourd et lointain du tonnerre...
« Frères, frères, entendez-vous?

« La prison tremble au vent et ses murs se lézardent;
« O morts! ressuscitons... Les portes qui nous [gardent
« Le long des corridors font sauter leurs verrous;
« Liberté! Liberté! Que tu vas être belle,
« Toi, que dans la tempête on baptise immortelle!...
« Frères, frères, entendez-vous? »

Frères, frères, entendons l'avertissement lugubre, car si nous y restons sourds, nous ne serons pas préparés et nous aurons mérité un sort malheureux et cruel.

Par l'union des grandes âmes, le salut viendra. Les âmes nobles et généreuses seront autant de rayons d'or du puissant soleil réparateur et fécondant. Dans les ruisseaux de sang circulera la nouvelle sève vitale, l'atmosphère s'épurera, le ciel sera inondé de clartés. *La terre régénérée tressaillera d'un ferment souverain, frappée de la nouvelle lumière après l'avoir été de la suprême justice.*

Les forces universelles du bien sont des forces de paix au sein des révoltés. En plein carnage elles peuvent former une « cîme de salut dans la plaine bouillonnante. »

Les forces universelles du bien sont des forces « spirituelles procréatrices. Elles sont animées, vivantes du souffle créateur, et engendreront des phénomènes nouveaux : prodiges d'Amour, de Lumière et de Vérité destinés à confondre la fausse science et à transformer le monde. »

Que l'on communie pour le bien particulier ou le bien général, on s'associe toujours de ses propres forces à la grande et puissante Force du Fluide Souverain, qui est, pour ainsi dire, comme le sang de Dieu, lequel enrichit et purifie tout.

C'est un engendrement dans le plus pur amour des âmes choisies qui va s'opérer. C'est une *séance* universelle que nous ferons, en espérant les plus éclatants phénomènes qui puissent se produire.

III

QUELLE EST NOTRE RELIGION ?

Ce chapitre va paraître superflu après ce que nous avons dit au premier alinéa du chapitre précédent. Nous jugeons utile, cependant, de répondre plus directement à certaines objections par un chapitre spécial.

La Communion d'amour universel est-elle une communion spirite ? Cette demande nous a été faite bien souvent et nous ne nous en étonnons pas. Les uns veulent savoir si c'est là une œuvre en laquelle on puisse avoir toute confiance; les autres, au contraire, si l'on doit s'en défier. Ici on repousse tout ce qui est spirite, là tout ce qui ne l'est pas. On peut dire qu'avec vraiment bien des raisons plausibles, on redoute l'accaparement d'où qu'il vienne.

La *Lumière*, qui préconise la pratique de la Communion des âmes, n'est dépendante d'aucune société; elle plane au-dessus de toute coterie et préjugé;

sa bannière ne représente pas d'infaillibilisme. Les lecteurs de la *Lumière* appartiennent à toutes les religions ; elle en compte même beaucoup parmi ceux qui n'en ont pas et se bornent à étudier le mouvement psychologique de notre temps. Les membres de toutes les religions en tous pays, les libres penseurs sérieux, ceux qui veulent la vraie liberté dans un état social religieux supérieur, les hommes de science sans parti pris, les étudiants de la vérité à tous les degrés de l'échelle du progrès et dans les spécialités les plus diverses, ont adhéré à la fondation de l'œuvre universelle de la Communion d'amour.

Les journaux ne nous ont point secondés dans cette œuvre ; une feuille spirite l'a même combattue; mais elle a été impuissante à en arrêter l'essor. Cela nous fut prouvé par les adhésions venues de son camp comme de tout autre.

Nos seuls efforts ont produit un entraînement général. N'est-ce pas une preuve éloquente que cette œuvre n'a qu'un seul vrai Maître : Dieu ?

Nous avons la satisfaction de constater que beaucoup de personnes qui n'ont pas adhéré ouvertement, mettent en pratique le nouvel usage magnétique religieux que nous préconisons, dans l'intimité de leurs familles.

La Communion d'amour universel est forcément spirite, puisqu'elle représente une association des Esprits incarnés ou désincarnés pour un but de progrès moral dans les deux mondes, par l'influx divin, et que notre condition au sein de l'humanité est spirite, que nous le voulions ou non. L'espace est peuplé d'invisibles, nos maisons en sont remplies, nous sommes tous solidaires les uns des autres : chrétiens, israélites ou musulmans, hommes ou esprits. De même que l'on ne peut pas faire que nous nous passions d'air pour vivre, on ne peut pas faire que les lois spirituelles ne nous meuvent point. Nous sommes spirites ainsi comme tout le monde est forcé de l'être, mais nous ne sommes dépendants d'aucun règlement d'une société quelconque; nous sommes avec les bons où qu'ils se trouvent ; notre vraie religion c'est celle de la Loi d'Amour.

On nous pose ainsi plutôt une question de mots que de fond doctrinal.

Qu'importe, après tout, que nous soyions spirites avec quelques-uns, si nous sommes spiritualistes avec le plus grand nombre ? Dieu ne nous aime-t-il pas tous et n'a-t-il pas fait briller sur nos têtes, de l'Orient à l'Occident, l'arc-en-ciel de ses promesses ?

Que signifient les divisions intestines des castes, des sectes, des chapelles ou des salons transformés en cercles d'études psychologiques, télépathiques, théosophiques ou autres, devant ce merveilleux rouage des forces et de la puissance divine qui opère l'œuvre incessante de justice et d'amour, et répand la vraie science à l'insu des hommes ?

Si des âmes parfaites ou de bonne volonté sont fourvoyées et malheureuses dans un milieu contraire à leur foi, ou si elles servent abusivement de *sujets* sous le poids d'une autorité arbitraire, peuvent-elles être, en vérité, victimes sans espérance d'appui et de secours ? Non, grâce à cette œuvre de justice et d'amour qui opère par les voies fluidiques, au sein de la liberté infinie.

Nous avons le droit et le devoir de dire bien haut qu'elles sont avec nous, pour peu qu'elles le veuillent, car nous nous unissons en esprit à tous ceux qui souffrent; nous appelons au banquet de la vraie fraternité, par les mille réseaux qui répercutent les tressaillements d'âmes et font vibrer tous les sensibles ensemble, les solitaires, les affligés, les malades et les persécutés qui crient à l'aide.

Notre œuvre est une œuvre charitable, une œuvre de préservation, de salut. Nous voulons pratiquer le magnétisme du bien et enrayer le mal.

Dans le temps où nous sommes de subjugations coupables et de pratiques occultes, nauséabondes et criminelles, il est bon de s'occuper sérieusement de sauvetages. Il faut paralyser les instruments du mal et les réduire à la plus chétive impuissance.

Magiciens d'enfer, nous ne vous craignons plus ! Vils instruments des génies pervers, vous pouvez brandir vos glaives nus, aiguiser vos lames empoisonnées, agiter vos crinières et souffler le vent de mort, nous restons debout de pied ferme devant vous et nous vous regardons en face! Oui, vous êtes vus, vous êtes déjoués dans vos plans ténébreux ; vos pouvoirs sinistres ont pris fin. La stérilité vous frappe ; vous êtes perdus. Servez-vous pour vous-mêmes des cercueils que vous aviez ouverts pour d'autres !

Nous sommes des militants pour l'œuvre du bien sous toutes les formes et nous employons au nom de Dieu, pour amener Son triomphe parmi les hommes, les forces supérieures qu'il nous a fait connaître.

La voie du bien est une voie de bonheur pour les bons. Le sillon lumineux qui a été tracé devant nous pour nous faire comprendre la raison de notre mission est si pur et si droit, que nous pouvons désormais dire bien haut le fond de notre pensée. La *force des forces* se trouve au bout de ce sillon ; et, comme en le parcourant nous avons eu le cœur heureux, nous convions tous les hommes de bonne volonté à le suivre avec nous pour augmenter toute joie dans le triomphe final des âmes solidaires.

C'est pour amener l'humanité à la découverte de grandes choses, que nous passons des premiers et bannière déployée, recrutant des légionnaires, sur notre route, pour le divin travail.

Que l'on ne demande plus à quelle secte appartient la *Lumière*. Elle représente le *Nouveau Spiritualisme* annoncé par elle. Le Nouveau Spiritualisme est la Porte d'Or de la Religion Universelle à venir. Il conduit le monde à ses destinées, car il contient en lui-même la grande et unique Vérité promise par la voix des prophètes inspirés de Dieu.

Il n'y a, il ne saurait y avoir qu'une réelle religion, c'est celle qui est indiquée dans le commandement des commandements : « Aimez-vous ! » Que toutes les grandes âmes de toutes les religions se lèvent avec nous, pour proclamer la religion unique de la Loi d'Amour !

IV

TRIOMPHE DE LA LOI D'AMOUR

NOS SOLIDARITÉS EN ELLE ET NOS VRAIS DROITS

Le spiritualisme a des militants aux postes avancés du progrès humanitaire et social, dont les efforts ne pourront être stériles ; la Pensée, la Volonté, le Cœur, voilà leur phare, leur moyen de combat, leur force. Oui, la grande, la belle, l'unique religion est toute trouvée : c'est la fusion dans le cœur de Dieu par l'union des cœurs des hommes. D'un point du monde à l'autre, à travers les espaces, au sein de la nature féconde, dans un magnétisme saint, les âmes vibreront avec les âmes ; nous serons tous heureux et fortifiés.

O que les simples hypnotiseurs et les suggestionneurs, manipulateurs de volontés faibles, deviennent petits, depuis que le magnétisme solennel a fait son œuvre et qu'un fluide embrasé circule en nous comme du sang divin ! La vraie Vie, la vraie Science, l'unique force résistante, puissante et agissante, l'unique Révélation, le bonheur, la paix, la sagesse, tout est dans cette loi : la Loi d'Amour.

New-York Mercury se prononçait ainsi sur le mouvement de Communion d'amour universel :

« C'est un mouvement d'une haute importance et bien fait pour donner à réfléchir. En rire serait futile, car les résultats peuvent être très grands. La transmission de pensée est aujourd'hui une chose prouvée ; supposons que des millions d'individus concentrent au même moment leurs pensées sur un objet, qui pourrait estimer la puissance d'une force ainsi décuplée ?

« Si des milliers de personnes sérieuses se réunissent dans une communion de pensées en vue d'une vie spirituelle d'une haute élévation, c'est un spectacle, non seulement d'une grande beauté, mais d'une puissance incalculable. Le général Burgoyne disait au parlement anglais, que trois millions d'Américains n'ayant qu'une seule idée, celle de l'indépendance, ne pourraient pas être conquis. Il voyait l'œuvre de la Providence dans cette unité et ce résultat heureux.

« Nul ne peut dire jusqu'où peut s'étendre la puissance de cette union des âmes ; mais, un jour viendra où, revenant sur le passé, nous constaterons des concordances saisissantes entre les faits du domaine tant spirituel que temporel, physique et physiologique tout à la fois. Ce jour, où nous compterons nos victoires et les défaites de nos antagonistes, n'est même pas loin. »

Nous avons souvent répété les mots de Michel : Courage et Force ! Maintenant que cette Communion est un fait accompli et que les destinées du monde s'accentuent, nous disons : Courage et Confiance !

Salut au Jour Nouveau !

Salut à tous ceux qui sont sous notre étendard ! Ils y trouveront un abri contre les calamités terrestres, les haines des méchants ; ils contribueront aux édifications nouvelles !

Salut à ceux qui ne sont pas avec nous ! Qu'ils rient ou qu'ils frappent, nous ne sentons plus rien !

Aux ignorants, aux méchants, aux rieurs, trois fois salut !!!

L'ennemi de la veille peut être l'ami du lendemain.

Salut à l'Invisible dont c'est le règne ! C'est avec les Esprits que nous nous unissons pour surmonter tout obstacle. Eux et nous, sommes et resterons des légionnaires fidèles pour sauver le monde par le sacrifice et le dévouement, par la Lumière de Dieu dans la Loi d'Amour !

« Sublime élan de la créature, Communion uni-
« verselle des êtres, volupté trois fois sainte, qu'ont
« dit de toi ceux qui t'ont vantée ? Ils t'ont appelée

« passagère, ô créatrice ! Et ils ont dit que ta courte « apparence illuminait leur vie fugitive. — Parole « plus courte elle-même que le souffle d'un mori- « bond ! vraie parole de brute sensuelle, qui s'é- « tonne de vivre une heure et qui prend les clartés « de la lampe éternelle pour une étincelle qui sort « d'un caillou. Amour ! ô principe du monde ! « flamme précieuse que la nature entière, comme « une vestale inquiète, surveille incessamment dans « ce temple de Dieu ! tu es le foyer de tout, c'est « par toi que tout existe ! »

Que le poète inspiré qui a écrit ces lignes soit béni ! Salut à Alfred de Musset !

Salut à tous les poètes dont le luth a vibré en faveur des causes nobles et généreuses et des sentiments exquis ! Salut, grandes âmes méconnues qui viviez dans les sphères de l'activité idéale et avez laissé sur la terre aride et fangeuse des larmes amères et du sang pur ! Martyrs glorieux et martyrs ignorés, salut ! Salut et confiance ! L'heure est venue pour la justice, la victoire de la Vérité !! Tous nos cœurs en un seul tressaillent, nos âmes s'exhaltent à l'aurore des années nouvelles. Bientôt il n'y aura plus de cœurs endoloris, ni de luths brisés : le bien et le beau triompheront. Chantons bien haut en un chœur majestueux de voix d'hommes et de voix d'Esprits : « L'heure est venue !! »

L'heure est venue pour le Triomphe de la Loi d'Amour !!!

La Loi d'Amour, qui est la Voie et la Vie dans la Pensée de Dieu, a présidé à notre fondation.

Qui arrêtera cet élan d'obéissance attractive à un ordre spirituel qui a nom : *Communion d'amour* et se pratique à jour et à heure fixes dans le monde entier? Quelle voix humaine dominera LA VOIX qui a lancé cet ordre? Quel cabaliste ou magicien intervertira la succession des dates et des prodiges opérés à ces dates, ou opposera des signes au SIGNE DU CŒUR EMBRASÉ DANS LE TRIANGLE?

Le 27

Ce chiffre est le chiffre souverain qui résume en lui, pour notre siècle, la fin d'un monde et le commencement d'un autre monde. Nul ne sait encore tout ce qu'il vaut ; nul ne peut voir tout ce qu'il contient ; mais tous les cœurs de bonne volonté en reçoivent désormais les dispensations et les trésors. Le plus ou le moins de réception de FLUIDE NOUVEAU mis en action pour la transformation du globe, dépend de l'ardeur et de la foi des créatures unies dans un sentiment d'amour, en conformité avec le plan de Dieu. Cette union universelle est un NOUVEAU MOTEUR des prodiges qui étonneront la Terre. Où est le berceau de cette idée féconde au-dessus de toutes? Il est entre Ciel et Terre. La Communion d'amour universel relie les mondes et les âmes ; les PRODIGES NOUVEAUX ne pourraient être un fait accompli sans la fusion de ces mondes et de ces âmes.

La Loi d'Amour est une loi de solidarité. Les solidarités individuelles bien comprises conduisent au but suprême de la paix universelle et doivent être pour notre cœur sa plus grande religion. Cette religion nous inspire tous les sacrifices, nous conduit à toutes les abnégations sur le plan temporel, parce qu'elle est la base du monde régénéré et que tout enfantement est soumis à la douleur ici-bas.

L'amour a des degrés divers de force et d'action ; les effets de la Communion universelle des âmes dans l'amour divin sont généraux et particuliers. Les effets généraux échappent au contrôle des hommes, c'est-à-dire qu'on ne peut pas affirmer que tel ou tel évènement heureux soit causé par cette Communion. Que le bien arrive sur la plus vaste échelle possible et peu importe que nous ignorions la raison de la force en mouvement ; Dieu en sera remercié et béni quand même par tous nos cœurs. Les effets particuliers très appréciables ne peuvent échapper à notre observation et ils sont nombreux autour de nous.

Nous sommes émerveillés des belles choses que nous voyons tous les jours et cela nous inspire confiance en cet avenir qui nous a toujours paru grandiose et sublime.

Le temps où nous sommes est spécialement marqué par une tendance révolutionnaire dans tous les départements d'action. La religion, le socialisme se combattent pour s'unifier malgré eux finalement. Mais d'où viendra le grand entraînement qui déterminera la crise finale pour l'établissement du Nouveau Règne ? Tout semble annoncer que les femmes ont en elles la force cachée sous une apparente faiblesse, afin de servir les plans de Dieu. Elles ont le dépôt de l'amour pur, celui qui se manifeste par les grands dévouements et des sacrifices héroïques jusqu'à la mort. Les hommes les plus opposés aux émancipations des femmes, ceux qui ne voient même en elles que des êtres sans raison sérieuse, ne leur contestent pas une puissance supérieure de sentiment. La femme vraiment femme est amour en elle-même.

Il appartient donc à la femme de favoriser le développement de la pratique de l'amour universel, puisque l'amour universel, tel que nous le comprenons, prépare nos franchises de droits comme notre bonheur.

Vous qui vous assemblez afin de délibérer sur les moyens à mettre en œuvre pour le bonheur du peuple, vos paroles ne se traduiraient jamais en faits si vous restiez sourds aux appels de la Grande Voix ! Femmes qui demandez vos droits sociaux, élevez-vous d'abord dans les hauteurs pures d'où les minces futilités terrestres ne se voient plus ! Que pourrions-nous faire de nos droits si nous ne connaissons pas encore tous nos devoirs ? Les hommes en majorité ne les connaissent pas non plus, c'est vrai ; mais alors soyons avant tout les éducatrices mêmes de l'homme, et le bonheur et la paix viendront sans efforts ! Soyons le bon exemple de la société en nous montrant moralement plus fortes que nos tyrans.

Femmes *émancipées*, vous en appelez à la justice contre tout arbitraire ; nous en appelons de tout cœur avec vous. Mais, au nom de la vraie justice et en faveur de la seule force qui puisse nous réussir, commençons par rompre avec tout ce qui entretient la faiblesse fatale que l'on nous reproche, cette faiblesse qui nous abat dans une outrageante défaite? Quand nous nous mettrons mille et cent mille pour protester contre l'arbitraire, quand nous aurons fait congrès sur congrès, en groupant les femmes intelligentes de toutes nationalités, pour élever le drapeau de l'indépendance et travailler à ouvrir les voies nouvelles, tout ce que nous aurons dit sera vain, tous nos actes seront stériles, si nous n'avons le ferment spiritualiste et régénérant en nous-mêmes. Nous tenons à établir nos droits par égalité à côté de l'homme ; commençons au nom de Dieu, commençons donc par faire notre centralisation morale spiritualiste ; alors bientôt nous serons, non égales, mais supérieures à ceux qui ne nous comprennent pas, car, hélas ! eux, ils ne sont pas prêts à écouter l'appel de la Grande Voix, et il faut que notre drapeau s'illumine au flambeau du géant spiritualiste sauveur ; il faut, pour que la femme règne vraiment, qu'elle en soit digne en tous points.

Emancipatrices de l'humanité, avant de nous intéresser à l'urne électorale, au point d'y vouloir jeter un bulletin de vote, soyons éducatrices dans la Vérité du Nouveau Spiritualisme qui surgit. Proclamons les grandes vertus, les grands dévouements ! Préparons l'humanité à ses destinées dans le bien et dans le beau sous toutes les formes, à la faveur de l'amour purifié ! Ne soyons pas des femmes masculinisées, soyons des femmes nouvelles dans l'universelle maternité ; engendrons une nouvelle génération par nos enseignements ; proclamons, bénissons et pratiquons la *Communion d'amour* qui contient en elle la sève régénératrice ! Persuadons-nous bien de cela : le règne de la femme ne signifie pas ce que l'on croit communément, il signifie que par la femme va se révéler la puissance d'une vérité qui sera sa force, sa beauté, son vrai bonheur ; et, cette force, cette beauté, ce bonheur exhulteront dans la splendeur de sa maternité même. La plus grande femme de notre temps, ce sera la plus grande Mère. Soyons des mères ! Les mères de l'humanité régénérée. Réalisons la Loi d'Amour qui est la Loi de Dieu, écrite en nos âmes pour le bonheur final de tous.

V

LES SAUVEURS DU MONDE

L'attention est particulièrement attirée depuis quelques années sur les annonces prophétiques répandues dans les journaux spiritualistes. On pourrait peut-être même avancer qu'une marque prophétique est tracée dans presque tous les cerveaux de ceux qui pensent et savent observer les évènements et les faits. De tous côtés l'on entend dire qu'on « attend ».

On cherche à asseoir positivement les découvertes ; mais, pendant que le savant s'applique à expliquer et édifier en partant du connu, c'est l'inconnu qui vient le mettre en déroute. Il regarde ; et, c'est ce qu'il ne voit pas qui l'arrête. Il expérimente d'après la méthode, il fait des plans mathématiques ; et, c'est l'imprévu, c'est le rêve, c'est « l'illusion », croit-il, qui détruit ses plans ! Le savant compte d'une manière et Dieu d'une autre : les mathématiques divines l'emportent sur les mathématiques humaines.

« Je cherche un homme », disait Diogène ; je cherche la clef de la Vérité, disons-nous tous. Assurément, on ne peut trouver la Vérité si l'on ne trouve d'abord l'homme tel qu'il est conçu dans le plan de Dieu. Nouveaux Diogènes, il nous faut allumer une lanterne pour pénétrer dans le dédale du cœur humain, où les gouffres d'abîmes s'ouvrent à côté des montagnes de salut.

Quand nous connaîtrons l'homme, nous connaîtrons Dieu. Quand nous aurons su voir Dieu en l'homme, la Vérité aura illuminé notre intelligence. En présence d'une nouvelle Lumière franche et vive, nous mépriserons nos petites lumières ternes ; la vanité de nos connaissances spéciales, confinées au département des choses matérielles et périssables, deviendra notre honte et notre remords ; nous voudrons désormais nous émanciper à la recherche des connaissances spirituelles dans l'infini de l'éternité.

Un jour viendra-t-il où les « fortes têtes » auront cessé d'injurier les « têtes faibles ? » Oui. Et ce jour-là les rôles seront changés ; car, ceux qui auront été taxés de faiblesse, de monomanie, de folie, donneront alors les preuves d'une réelle force : « les grands seront abaissés, les petits seront élevés ».

Ce jour est-il éloigné ? Non. Dieu, qui veut le bonheur du monde malgré les enraiements de l'orgueil humain, manœuvre en vue de ces destinées providentielles. C'est parce que Dieu veut le bonheur du monde qu'il y envoie des messies pour le faire ascensionner.

C'est parce qu'il veut prouver Sa Justice et sa Sagesse, qu'il « réduira les superbes à néant ».

En face du savant mécaniciste, se lèvera, au nom de Dieu, le Révélateur spiritualiste !

Le mal social étant tout particulièrement moral, c'est par un secours spiritualiste qu'il pourra y avoir régénération et salut.

Est-ce une illusion dorée de mes rêves de prédilection, qui me fait parler ainsi prophétiquement en faveur d'une intervention divine dans le péril social? Mon beau et doux rêve est, dans ce cas, une folie collective, car nous sommes nombreux à souffrir d'un pénible état de choses et ardents à *vouloir* le règne du bien. Ce n'est pas *moi* qui parle, ce n'est pas un privilégié de la révélation ou plusieurs ensemble, c'est le public en majorité. Et ceci ne se rêve pas seulement à Paris, mais dans toutes les parties du monde à la fois. Dans le monde religieux et dans le monde profane, partout on se demande ce que Dieu prépare, car Dieu parle à ses enfants par les Grandes Voix spirituelles. De l'ombre la plus épaisse va jaillir une lumière ; tout l'indique. C'est notre espérance et notre foi !

Où la Sagesse prévoyante de Dieu se montre principalement, c'est dans les avertissements qu'Il envoie à la terre sous des formes multiples : en tous temps les messies ont été prophétisés. Je m'appuie, pour l'affirmer, d'un passage d'une conférence de M. V. Tournier :

« Jésus était le messie attendu. Qu'à l'époque du Christ, le monde attendit un messie, cela ne peut être contesté. M. Peyrat, qui n'est pas suspect, nous dit, à ce sujet, dans son *Histoire élémentaire et critique de Jésus* :

« L'idéal d'un libérateur suprême était répandu dans tout l'Orient, lorsque les Juifs, après leur retour de Babylone, commencèrent à compter sur un messie qui devait rétablir la puissance politique et religieuse d'Israël... D'après les calculs faits sur les soixante-dix semaines de la fameuse prophétie attribuée à Daniel, les signes de la venue du messie coïncidant avec le règne d'Hérode, l'attente du libérateur était alors si générale, que la nouvelle s'en répandit jusque dans l'Occident.

« Ainsi donc, on attendait un personnage extraordinaire, destiné à opérer une grande révolution dans le monde, et Jésus vint et changea la face du monde ! De même, en Arabie, à l'époque de Mahomet, on attendait un prophète et Mahomet parut ! De même, en France, à l'époque de Jeanne d'Arc, on attendait une jeune fille qui devait sauver la France, et Jeanne d'Arc se montra et sauva la France ! Machiavel, dans le chapitre LVI de ses discours sur la première décade de Tite Live, dit qu'avant que les grands événements se produisent dans une ville ou dans une province, il y a des signes qui les pronostiquent ou des hommes qui les annoncent. Et il cite plusieurs exemples. Parmi les explications possibles, il donne celle qui résulterait de l'opinion de certain philosophe, d'après lequel l'air serait plein d'intelligences qui, par une vertu naturelle, prévoyant les choses futures, en avertissent les hommes. Et Machiavel, que je sache, n'était pas un esprit faible.

« On dit, je le sais, que ces évènements arrivent et que ces hommes se montrent parce qu'on les a annoncés, mais qu'on ne les a pas annoncés parce qu'ils devaient arriver ou se montrer. On dit aussi que l'œil n'est pas fait pour voir, mais que nous voyons parce que nous avons des yeux. Que ne dit-on pas quand on veut rester dans l'erreur ? Car, enfin, que l'on m'explique comment une prédiction peut faire un grand homme et non deux, trois, quatre. Jeanne d'Arc morte, une jeune fille, qui lui ressemblait parfaitement au physique, voulut continuer son rôle. Elle n'y réussit pas. Pourquoi ? Elle en avait pourtant bien la volonté.

« L'idée la plus simple, la plus naturelle et que, précisément à cause de cela, on a beaucoup de peine à admettre, c'est que le monde ne va pas au hasard, qu'il est gouverné. Voltaire ne répugnait pas à croire qu'il y a entre Dieu et nous de grands Esprits dont chacun est chargé de la direction d'une partie de l'espace. Charles Fourrier pensait que chaque système solaire est gouverné par un conseil d'Esprits supérieurs. Quoi qu'il en soit, il y a un gouvernement; il ne peut pas en être autrement : le hasard est un mot vide de sens et qui ne sert qu'à cacher notre ignorance. »

Ces paroles de M. V. Tournier viennent à point comme encouragement au milieu de nos luttes et de nos souffrances. Le passé est la garantie du présent; car, si Dieu n'a pas menti quand il a fait annoncer des sauveurs providentiels, il ne ment pas aujourd'hui, que, d'un point du monde à l'autre, il nous appelle tous en vue de préparer les voies pour unir le Ciel à la Terre dans une majestueuse Révélation.

Il n'est pas une publication spiritualiste sérieuse de notre temps qui n'affirme sa foi en une personnalité mystérieuse destinée à apporter un salut : « Ce siècle ne doit pas finir sans que cet être prédestiné n'ait accompli tout ou partie de sa mission. »

Cette mission sera-t-elle politique, religieuse ou sociale ; universelle ou localisée sur un coin de terre en détresse comme il en fut pour Jeanne d'Arc dans notre chère France ? C'est ce que le public se demande.

Chaque nation l'espère pour son compte, en parle comme existant sous un incognito secret dans son sein. La France, par les révélations d'Elie et de plusieurs inspirés, par l'intuition de directeurs du mouvement spiritualiste et social depuis un demi siècle, le revendique en sa faveur.

Une réflexion bien simple peut, dans ce cas de réclamation universelle, être faite pour seconder les lumières du prophétisme. Si on attend de partout ce missionné, c'est que son rôle n'est point localisé strictement dans le salut d'un pays. C'est d'une logique des plus simples, de se dire que ce messie aura une mission de Révélation spiritualiste pour l'avancement universel du monde. Quand le monde connaîtra une grande vérité, qu'il aura une bonne morale, son bon socialisme sera tout fait et sa meilleure politique toute trouvée.

Le mouvement inauguré par l'avènement du spiritisme a largement préparé la venue du messie du XIXe siècle parmi nous.

A la faveur de ce mouvement qui mettait en correspondance les hommes avec les Esprits, il y eut bien des questions de posées pour élucider le sujet. Beaucoup de communications furent données par le monde invisible aux médiums pour préparer les voies à ce nouveau messie.

Voici une copie de ces communications, prise dans le *Banner of Light* de Boston et obtenue par la médiumité de miss M. T. Shelhamer, en 1885 :

« QUESTION. — Voulez-vous nous faire la faveur de nous dire ce que vous savez au sujet d'un nouveau messie, homme ou femme, mentionné dans le *Banner of Light*, il y a quelques années, et dont l'apparition a été annoncée, environ pour ce temps, par les guides d'un orateur spirituel ?

« RÉPONSE. — Il serait peut-être présomptueux pour nous de demander à avoir une connaissance spéciale au sujet d'un nouveau messie ; jusqu'à présent nous ne pouvons pas véritablement dire que cela soit largement discuté et débattu dans le monde spirituel. Beaucoup d'intelligences d'un ordre élevé croient qu'un nouveau messie, c'est-à-dire *qu'un instructeur spirituel autorisé, un porteur de messages de la vie céleste,* doit paraître au milieu de vous ; un être dont *l'organisme servira aux Esprits avancés pour la dissémination des grandes vérités, vérités d'une importance vitale pour l'Humanité.* Quelques Esprits ont déclaré par certains médiums, qu'un messie apparaîtrait parmi vous vers le temps présent, fixant même la date comme étant celle de l'année 1885. Nous n'avons pas à donner d'opinion sur cette matière, en ce qui concerne la date. Nous croyons qu'il y a maintenant au milieu de vous des porteurs de messages de la vie la plus élevée, des instructeurs spirituels dont les paroles et les préceptes ne viennent point de leurs propres âmes, mais leur sont données des sources de l'inspiration. Nous croyons que si ces paroles étaient plus généralement observées, si les vérités énoncées étaient mieux comprises et mieux appliquées dans les mœurs de ceux qui les entendent prononcer, l'Humanité grandirait dans la culture spirituelle et *dans tout ce qui va former une belle Humanité.*

« Tandis que vous n'écoutez pas et ne recevez pas les vérités *déjà données*, vous ne pouvez pas espérer atteindre aucune chose d'une nature plus grande et plus élevée. Quand il sera démontré que vous avez reçu, compris et fait votre possible pour l'avancement de vos natures antérieures, et que vous serez devenus suffisamment préparés à recevoir quelque chose de plus grand, de plus profond et d'une signification spirituelle plus pleine, notre opinion est qu'un instructeur spirituel paraîtra. Mais dans quelle contrée ? Nous ne le savons pas. Et au milieu de quel peuple ? Nous ne pouvons pas le dire. Mais ce sera certainement à l'endroit où la venue d'un tel instructeur et éclaireur sera le plus nécessaire — un messie, pour parler ainsi, qui soit si entièrement rempli de l'ardeur et de l'importance de sa mission, qu'il sera prêt à rejeter ses propres pensées pour l'avancement de la vérité, *voulant renoncer à toutes les conditions extérieures d'une belle vie pour le développement des enseignements qu'il recevra de la vie la plus élevée.*

« Nous nous servons du mot *il* dans un sens général, car ce messie appartiendra-t-il au sexe masculin ou au sexe féminin ? Nous sommes incapables de le dire. Mais, *quand cette âme apparaîtra, de grandes vérités seront énoncées, lesquelles élèveront l'Humanité à l'état de béatitude, même sur la Terre.* »

Cette communication, pleine de prudence, frappe

par la profonde sagesse de ses vues. En effet, chaque chose vient à son heure et tout est le fruit d'une maturité.

Il ressort clairement de cette leçon mêlée de prophétisme, que le monde a ce qu'il mérite et ce dont il a besoin.

Un instructeur remplit sa mission d'instructeur, et sa mission se borne là. Aucun instructeur spirituel n'a pu dire aux hommes qui était ce messie et ce qu'il ferait. Les plus élevés des Esprits ont toujours conseillé, à ce sujet, la plus stricte réserve. Ils ont sans cesse réitéré leurs appels et leurs conseils en vue d'un ordre nouveau de choses ; ils ont dit de préparer les voies, principalement à l'Invisible, ils ont annoncé de grandes découvertes, des évènements formidables, le bouleversement des corps scientifiques, une nouvelle Révélation, un nouveau mode de vie. Il semble que la véritable mission du spiritisme n'ait été que de seconder ce travail préparatoire ; la preuve, c'est que toutes les fois qu'on a voulu faire du spiritisme une question personnelle ou qu'on s'en est servi pour appuyer des systèmes plus ou moins scientifiques selon le monde, le désordre et le trouble s'y sont toujours mis.

La force des faits nous prouve que, croyant beaucoup savoir, nous savons fort peu de chose, en vérité. La vraie science, nous l'aurons par Révélation ou nous ne l'aurons pas. Ceux qui seront prêts pour comprendre, comprendront. Ceux qui se seront perfectionnés moralement, recevront les bienfaits de la dispensation divine.

La Révélation viendra du monde invisible.

L'ordre hiérarchique des instructeurs et des révélateurs est la cause de la grande discrétion apportée à la divulgation des faits nouveaux. Jamais un vrai bon Esprit ne dira ce qu'il ne doit pas dire. Tout Esprit élevé a au-dessus de lui des Esprits qui lui sont supérieurs. Si la désignation d'un messie terrestre ou spirituel doit avoir lieu, elle ne sera pas connue avant l'heure décidée par la souveraine Sagesse. Les choses d'ordre divin procèdent d'une origine tellement loin de nos conceptions terriennes, que le silence en certaines matières est préférable au développement oral. L'intuition des plus spiritualisés parmi les hommes ouvriers de Dieu, supplée à tout langage. Un cerveau bien organisé a toujours un coin pour la page d'impression céleste. Les nouvelles célestes vibrent dans les cœurs et il n'y a pas de mots pour les raconter. Le magnétisme de la Pensée féconde les voies de l'ingratitude et de l'égoïsme ; les bons, les éclairés, les généreux influenceront, à leur insu, la masse ignorante et coupable. Par le travail d'une solidarité touchante mais inexorable, l'humanité marche au progrès, à l'harmonie finale. Les pionniers du progrès sont des martyrs, sacrifiés volontaires ; c'est parmi eux que se trouve probablement incarné l'instrument des desseins de Dieu, que l'Invisible couve d'amour en vue de la grande régénération humaine universelle.

Or, puisque, de l'avis des plus grands inspirés et les avertissements des Esprits sur tous les points du monde, notre siècle ne doit pas se terminer sans une manifestation extraordinaire, quel est le devoir de ceux qui l'attendent ?

C'est de s'unir dans une puissante force, de tous les points de l'univers, par les moyens magnétiques divins, pour mûrir et faciliter les importants phénomènes.

Il faut prier, prier de tout son cœur, pour l'être qui doit faire un gigantesque travail, soit qu'il se trouve incarné ici-bas, soit qu'il plane sur nous des hauteurs célestes, soit qu'il y ait le concours de l'ange et du mortel unis en un. Et ainsi pour cette grande mission, il y aura la participation de milliers d'êtres. La collectivité des pratiquants de l'amour universel formera le vrai génie sauveur au nom de Dieu.

VI

LE CŒUR GLORIEUX

SIGNAL DE LA NOUVELLE ÈRE

SIGNE DE RÉNOVATION

ET INSIGNE DE LA COMMUNION D'AMOUR

Le symbole du cœur embrasé dans le triangle influence le monde pour le conduire à ses destinées. Ce symbole n'est point l'expression de la volonté humaine ni le mot d'ordre d'une secte; c'est l'expression de la bonté de Dieu.

Dieu a fait le monde d'amour et pour l'amour; l'homme ayant faussé le but de la vie, il faut qu'il travaille à le redresser.

Dieu a donné à la vie une impulsion ascendante; le sentiment religieux inné chez l'homme est la marque divine qui relève celui-ci, aussi profonde que soit sa déchéance.

Dieu a créé les hommes solidaires entre eux : le bon compatissant s'incarne au sein du mal et se voue à tous les malheurs pour activer l'ascension des retardataires.

Dieu a voulu l'humanité heureuse, et, dans sa bonté, la voie de la douleur, conséquence des fautes, donne le puissant moyen d'apprécier le vrai bonheur et d'y parvenir.

Le bonheur n'est pas la cause du progrès comme semblent l'établir beaucoup de ceux qui conçoivent des plans de réforme sociale ; il en est le résultat. Quand un pauvre, dénué au moral comme au physique, serait soudain bien nourri, bien chauffé, bien logé et comblé d'argent, il ne saurait pas mieux, pour cela, coopérer à l'avancement général ; ce qu'il nommerait son bonheur, n'en serait que l'illusion passagère. Ses sens s'émousseraient bientôt, son cœur se flétrirait aux contacts impurs ; la paresse et la lascivité feraient de cet heureux quelque chose de plus dégradé qu'un animal. Si ce même pauvre, avant de trouver le bien-être, avait rencontré un instructeur, ami humain pour son progrès moral, un protecteur de son âme et de son corps, l'émancipation dans la fortune ne serait alors pour lui que la voie pure et large où il réaliserait ce qu'il aurait conçu sous une inspiration supérieure. La richesse morale assurée lui permettrait de savoir jouir de la richesse matérielle, en la faisant servir au bien. Ainsi il deviendrait à son tour un instrument de civilisation au milieu de ses semblables, un entraîneur du progrès ; élevé, il saurait élever les autres. Celui-là seul est heureux qui sait rendre heureux son semblable ; nul ne peut rendre son semblable heureux sans avoir progressé et compris le but de la vie en pensant à Dieu.

Une étoile d'espérance rayonne toujours au fond de toute âme humaine ; mais, dans la lutte de ou pour la vie, contre ses préjugés malsains et ses vices entraînants, plusieurs s'égarent ; ils se plongent de plus en plus dans les ténèbres, au point même que cette pure étoile, signature de Dieu imprimée dans leur âme meurtrie, semble s'éclipser pour toujours.

Quand la petite étoile intérieure a pâli et s'est cachée, le malheureux ne se sauve plus de lui-même ; c'est alors que la sainte solidarité, qui s'exerce sous l'empire de la sagesse divine, intervient. Tout un bouleversement peut s'opérer. Les circonstances que l'on nomme *le hasard*, mot vide, sans raison d'être, s'enchaînent en changeant la face des choses ; c'est un secours inespéré qui se présente, venu comme le soleil après le gros temps. Le perdu se retrouve, il voit clair autour de lui, tout en ne s'expliquant rien.

Qu'il répare ses forces, qu'il se relève, qu'il s'amende ! Son intelligence s'ouvrira plus tard à la compréhension des lois magnétiques spirituelles. Il suffit que son cœur ait le moindre germe du désir de savoir, pour que la Vérité l'illumine en temps voulu et qu'il renaisse au bonheur.

Hé bien ! le grand Signal du relèvement des âmes est apparu à l'horizon spiritualiste, pour que le sauvetage humain s'opère sur une vaste échelle désormais.

Que celui qui ne se sent plus réchauffé par le rayonnement intérieur divin, contemple le symbole du Cœur dans le triangle, et le plus puissant magnétisme accomplira son œuvre thérapeutique, consolante et revivifiante en lui.

Ce Signe rénovateur est en plein règne dans le monde ; il fut le Signal de la nouvelle dispensation et il restera l'Insigne de la véritable alliance universelle annoncée pour la fin des temps.

Cette alliance se forme par une fusion d'amour qui est le résultat final de la fécondation magnétique et régénérante du Père, créateur et sanctificateur, dont l'amour inonde la famille humaine, s'étend à tous les mondes et remplit l'éternité.

Oh ! quelle tristesse d'être obligée de ramener à des étroitesses de détails individuels une question si vaste et généreuse dans la pensée créatrice ! ! ! Ne devrait-il pas suffire de dire que notre époque n'est menacée de fléaux que parce que le plus grand des bonheurs dans la plus parfaite harmonie veut définitivement prendre la place du vice, de la maladie et de tout ce qui déséquilibre et fait chanceler les institutions religieuses et sociales, même les meilleures ?

Il nous faut raconter, et bien malgré nous, jusqu'aux révélations personnelles.

Les hommes ont la curiosité terrienne; l'aspect d'un ciel plein de promesses ne leur suffit pas pour étayer leurs espérances et influencer leurs déterminations. Quand on dit : « Le soleil brille », il faut dire où il a brillé et ce qu'il a fait éclore. Il faut enfin donner son propre cœur en pâture à ceux à qui l'on veut expliquer les mystères du Cœur de Dieu.

Puisqu'il le faut, obéissons sans discuter.

Dans la correspondance, nous trouvons journellement des preuves à l'appui de nos espérances ; nous voudrions pouvoir mettre au jour ces mille confidences qui ravivent notre courage éprouvé ; elles seraient un élément de force et de foi pour tous ceux qui luttent et pleurent. Le temps viendra où tout se connaîtra et se comprendra ; nul n'a le droit de hâter les heures divines. Mais, qu'un grand évènement spiritualiste se prépare, cela ne fait pas de doute dans l'opinion ; on cherche seulement le point du ciel ou de la terre par où va jeter une lueur et s'élancer *l'étincelle qui embrasera tout.*

Un grand voyant que l'on nommait Elie disait, il y a quelques années, qu'il voyait ce *point* sur la terre, mais qu'il était *si petit,* que nul ne s'en apercevait.

Dans une de ses lettres touchantes autant que concluantes, une chère correspondante d'Italie, alliée à la Communion d'amour universel, nous révélait l'existence d'une vision prophétique du grand voyant, pleine d'intérêt, remarquable surtout par certaines coïncidences qui n'échapperont pas aux lecteurs.

Je cite in-extenso :

« Le peuple est à genoux; le *pilote* (le pape) invoque les cieux ; mais le danger qui menace fait crier aux *matelots* (les prêtres de toutes religions): « *Des forces seules peuvent nous sauver* ; nous avons déjà repoussé de telles tempêtes ! » Tout à coup le *grand mât* est frappé, les voiles sont déchirées par la foudre, les vergues sont brisées, les lames furieuses couvrent déjà tout ce qui est dans le navire, les monstres marins, s'élevant sur les flots écumeux, entraînent avec eux *un grand nombre de victimes*. Tout est deuil, tout est douleur ! *Le pilote expire* ; un fragment du navire, lancé par la fougue des vents, *a, d'un coup, brisé son existence* ! Alors on entend des cris plus effrayants, sans doute, que ceux entendus chez Rachel lors du massacre de ses enfants. Grand Dieu ! *Le navire chancelle* !... Le ciel s'ouvre, *un globe de feu paraît* : *c'est un cœur* ! Il s'ouvre, il se dilate ; déjà il est aussi grand que la puissance des eaux.

« L'*Etoile* qui couvrait la montagne se lève, elle couvre la mer et le navire ; le cœur aussi en est caché. Sept hommes sont debout aux pieds de la montagne... »

« L'étoile, vue par les voyants, sera alors visible pour tous, » ajoute le voyant dans ses notes. Et il dit aussi que « la transformation du christianisme aura lieu par le *cœur au milieu du triangle.* »

Ainsi, nous avions reçu, au fond de notre retraite d'où nous n'eussions jamais voulu sortir, un Signe symbolique avec ordre de le répandre, ne connaissant rien, absolument rien des révélations passées et présentes, et presque inquiets, il faut bien le dire, de la révolution de notre destinée à une certaine date de notre vie. Je ne parle pas de moi seule ici.

Et toutes nos communications se sont trouvées conformes à tout ce qui était prédit, alors que nous étions dans la plus profonde ignorance des diverses doctrines. J'ai publié, à mon corps défendant, quelques petites parties, très peu, de ce qui m'avait été donné. Je redoutais l'opinion publique, je craignais de me tromper et de tromper d'autres personnes malgré moi. Et cependant tout était grand et vrai! Tout était conduit par des Intelligences supérieures qui, dix ans plus tard, me donneraient leurs preuves manifestes et leurs encouragements de tous les points du monde à la fois.

Il a fallu souffrir persécution, se faire des ennemis, faute de pouvoir assez s'expliquer, et il ne fallait pas toujours parler, même un peu, crainte d'accusations pénibles et de soupçons injurieux. Il a fallu payer le plus fort tribut possible à la souffrance, faute de pouvoir être comprise, même des meilleurs. Et cependant, tout était vrai ! Mille preuves pour une en sont données actuellement, et les faits servent cette grande cause autrement mieux que des paroles.

Comment faire aujourd'hui pour n'avoir pas la foi, dut-elle accumuler mille malédictions de plus sur nos têtes.

Et par cette Foi, comment ne pas avoir la Force ?

Ce qui est prophétiquement annoncé dans les Livres Saints, par les grands inspirés de toutes les religions, par les communications d'Esprits ; tout ce que les voix d'Orient et d'Occident répètent ; tout ce qui *doit* être réalisé après la période pénible et confuse que nous traversons, c'est ce que nous avons nommé dans notre *Revue* depuis qu'elle existe :

NOUVEAU-SPIRITUALISME

auquel on arrive par toutes les religions.

Le *Nouveau-Spiritualisme* est la Révélation attendue, pour nous unifier dans un immense Amour sans préjugés et dans une majestueuse Vérité sans voiles.

Plusieurs missionnés sur la Terre préparent les voies à cette suprême Révélation ; mais, dussé-je être momentanément condamnée et brisée par le bataillon des énergumènes libres-penseurs et intransigeants ou par les monomanes qui se consacrent maîtres et pontifes, je déclare en conscience, dans l'abnégation la plus complète de mon *moi* et dans toute la ferveur de mon âme devant Dieu, que je crois inébranlablement ceci : la divine Science, la Doctrine des doctrines, la Religion des religions; en un mot, la pure et unique Vérité sera révélée, non par des hommes, mais par le monde invisible, dans une suprême manifestation que la Communion d'amour prépare.

Le plus grand aveu que je puisse faire est fait maintenant. Que les scientistes viennent m'en donner le démenti, eux qui seront les premiers vaincus de la pure et simple Vérité !

Amis de l'humanité souffrante, unissez-vous de tous les points du globe pour l'élever dans une ascension glorieuse! Frères, en cette triste humanité, quelles que soient votre religion, vos idées, votre nationalité, que vous soyez blancs ou noirs, maîtres ou esclaves, grands ou petits, écoutez la voix retentissante du génie fulgurant qui vient éveiller le monde ! De celui qui vous présente le Signe des Temps, parce que tout doit être mis en sa vraie place. Communiez, âmes de paix, pour la paix avec tout l'Univers, mais communiez avec tous les Esprits de Lumière, qui font, à chaque 27, une grande séance pour préparer leur descente rédemptrice parmi nous. Ils choisissent et unissent leurs instruments humains à travers l'espace; ils travaillent.

Notre symbole, le Cœur embrasé divinisé dans le triangle, a signalé l'entrée en exercice de la Force des forces pour les manifestations de la Nouvelle Ere. Le *Nouveau-Spiritualisme* ayant aidé à vaincre le mal et l'erreur, édifiera et consacrera la Vérité. La Vérité du *Nouveau-Spiritualisme* a les assises de son Temple aux quatre points cardinaux; son dôme s'élève jusqu'au cœur de Dieu.

Le *Signal* donné de 1877 à 1884 et devenu le *Signe* de Rénovation en 1885, est notre *Insigne* en 1892 définitivement; car nous sommes tout près de la réalisation des prophéties et Dieu veut compter les siens pour assurer la grande Victoire finale de la Vérité.

Ecoutez la voix des Esprits unis dans une commune et glorieuse mission ; ils ont parlé pour que leurs paroles soient *entendues*, c'est-à-dire comprises :

« Quand les événements annoncés devront arriver, Dieu fera se réunir ceux qui doivent être ensemble, des pays les plus éloignés. »

« Nous célébrons le jour où le Signal est donné. Nous avons fait le tour du monde avec notre drapeau marqué du Signe flamboyant. Nous donnons le signal et dès ce moment tout va changer.

Nous prions Dieu Tout-Puissant de revêtir nos aimés de force pour qu'ils se maintiennent fermement dans la ligne du devoir qu'ils se sont prescrite.

Gloire à Dieu ! Le travail des anges se fait. Que le Père Eternel soit loué ! Qu'il nous bénisse ! Nous avons en mains le drapeau des légionnaires de Jésus. Nous allons proclamer le nouveau Règne, annoncer Emmanuel par tout l'Univers. Mon Dieu, aidez-nous, protégez-nous ! Voici venir les grands jours de l'épreuve et du triomphe tout à la fois. La droite et la gauche du Père vont être comprises et expliquées. Gloire à Dieu ! Les travailleurs sont à l'œuvre, l'étendard est déployé, que le nom d'Emmanuel éclaire le monde ! »

« Mes enfants, nous sommes à un moment de grand travail de manipulation de fluides, travail incompréhensible pour vous, mais souverainement beau pour nous, parce que c'est principalement un travail D'UNION UNIVERSELLE par des embranchements fluidiques. La *Loi de la Vie spirituelle* que nous voulons démontrer est bien belle !

Quand on est élu pour dominer au milieu d'un mouvement si grandiose et si saint, il faut d'abord avoir épuisé toutes les amertumes de la vie, en luttant contre toutes les forces adverses de la justice et de la vérité.

Jésus est monté au calvaire ; il est entré dans le royaume spirituel au milieu de l'anathème des hommes, et pas un messie ne peut échapper à la rigueur terrestre. Le roi des messies leur a donné l'exemple et leur a tracé le passage de la terre au ciel dans des larmes amères et dans du sang.

Quand je vous parle de ce grand travail D'UNION UNIVERSELLE, je vous fais entrevoir un mystère qui va se dégager de ses entraves. Impossible de vous préciser en quoi consiste ce travail pour le moment. Je viens pour vous encourager, pour vous dire qu'il faut plus que jamais avoir la foi qui est la force. »

« Le Dieu puissant, qui a des vues sur le monde pour son salut, n'a pas vainement déposé des germes pour la nouvelle moisson, dans quelques cœurs dévoués : le voilà le moment où le traitre et le méchant seront confondus. L'œuvre de Dieu marche en secret ; une union spirituelle est établie entre ceux qui sont marqués pour le salut ; mais, sur la terre ingrate, plusieurs ignorent le caractère réel de leur mission ; ils se sentent appelés, mais ils ne définissent pas à quoi. Ils vont devant eux comme à tout hasard, dans ce vide toujours plus grand pour leur cœur ; c'est une force intelligente qui les pousse : ils vont où ils doivent aller.

Le monde marche à des destinées surhumaines. Ce sont les simples, les ignorants qui recevront la vérité de la main des anges ; de simples femmes seront puissantes au point de confondre la science de tous les savants du jour ; et, quand la femme aura donné la vérité, qui est le salut, pas un homme ne pourra la soustraire à son profit ; car la révélation sera telle, qu'elle consacrera une vérité et un être. »

« Vous êtes en vue de la Force brûlante et vibrante qui fait la vraie vie. Mes frères, mes sœurs, je vous appelle de tous les points du monde. »

« Nous touchons à l'instant béni où le signe, planant sur le monde, aura fait la marque décisive entre un passé de ténèbres et un avenir de lumière. L'étendard de la Légion sacrée flotte dans l'espace. »

« Ce n'est pas le moment de rester dans l'indifférence spiritualiste, car les destinées de la terre sont graves. Ce globe tourmenté est disputé par des forces contraires. L'humanité éprouve le contre coup de ces luttes et cela fait lutte des éléments, lutte des âmes. Cette terre est jeune et malheureuse ; elle souffre dans ses entrailles des feux dévorants qui la soulèvent et cherchent une issue ; remplie de gaz délétères, elle asphyxie moralement les grandes âmes. Aussi, Dieu, qui est grand, l'a enveloppée de son magnétisme, et le magnétisme céleste va aider au dégagement du magnétisme terrestre pour établir l'harmonie et les conditions saines.

Tout ce qui a été jusqu'à présent manifesté en symboles, va être manifesté en réalité.

Réjouissez-vous dans le cœur de Dieu de ce qu'il détermine enfin de grandes choses prévues et annoncées pour arriver à établir le règne de la Vérité. La loi des fluides étant tout dans le monde, elle va avoir une grande application. C'est en attaquant l'humanité dans son organisme, qu'elle va donner l'éveil à la science temporelle, et la science éternelle viendra éclairer la science temporelle. »

« Formons le grand faisceau de l'Alliance Universelle. »

Je voudrais pouvoir donner les milliers de communications d'Esprits supérieurs qui, par moi ou par d'autres, dans le monde entier, ont prouvé que Dieu parlait par ses messagers.

Il existe donc en faveur de cette mission des Esprits de Lumière sur la Terre, une revue fondée par eux, c'est la *Lumière*. La *Lumière* est marquée du Signe flamboyant qu'ils y ont imprimé quand Dieu l'a voulu.

De même, quand Dieu l'a voulu, ils ont demandé l'exécution comme Insigne distinctif du ralliement, ce Signe flamboyant même, nous conviant à le porter et à le considérer comme devant remplacer la

Croix de la crucifixion du Christ. C'est là un *Signe* triomphant, celui de la Gloire finale annoncée.

Une revue spiritualiste comme la *Lumière*, n'ouvre point les grandes et confortables voies matérielles, mais elle ouvre les voies fluidiques si fermées aux jouisseurs du monde, et là, des trésors incomparables s'y trouvent. Dans ce monde fluidique, tout y est représenté, l'or aussi. L'or est la perte du monde ; mais, dans le temps où nous sommes, il peut en devenir le salut. Tout est dans l'usage qu'on veut en faire. La Communion d'amour universel est l'or des âmes, et les âmes séraphiques déverseront des pluies d'or fluidique que Dieu rendra réalisable à ceux qui ont force et foi sur la terre, en vertu de ces paroles de l'Esprit Confucius : « Demandez à Dieu les biens du Ciel, et il vous donnera les biens de la Terre, parce qu'alors les biens de la Terre vous serviront à répandre les biens du Ciel (1). »

La *Lumière* est née en 1882. L'annonce de cette publication nous avait été donnée dans une vision d'un caractère céleste, du 27 au 28 décembre 1879, dans la nuit. Ceux qui possèdent la collection de la *Lumière* pourront lire cette narration dans les *Portraits d'Esprits*, au nom « Sébastien ». La date de la vision n'est point donnée après coup, puisque nous

---

(1) *Communication donnée dans « Prophètes et Prophéties, » par Hab.*

avons écrit ces *Portraits* bien avant la fondation du *Vingt-Sept*. Luttant contre notre petite mission personnelle, nous avions même retardé l'apparition de la *Lumière*.

Aujourd'hui, nous marchons, toutes voiles déployées, vers un but de plus en plus caractérisé et certain.

VII

LE SECRET RÉVÊLÉ DE LA PRIÈRE

ACTION DE LA PAROLE VIVANTE DE DIEU

On peut, au point de vue idéal religieux, remplir des livres sur l'importance de la Prière et les bienfaits qu'elle répand. C'est ce que l'on a fait depuis des siècles. Les considérations contemplatives mystiques des auteurs les plus pénétrés de convictions dévotes et priantes, ont-elles jamais effleuré la question au point de vue des solidarités fluidiques ? A-t-on jamais tracé le mot clair, vibrant et vivant qui révélait une vérité scientifique divine motivant le pieux exercice de la prière ? Je ne le crois pas.

Le temps est venu de comprendre, enfin, que ce n'est point là une sollicitation banale, intéressée, du fils à son père, pour obtenir une fa'eur en amolissant sa sévérité. Il nous est permis aujourd'hui, de proclamer, de prouver, ainsi que nous nous sommes efforcés de le faire comprendre au cours de ce livre, que la Prière est du MAGNÉTISME, le magnétisme le plus pur comme le plus puissant, parce qu'il est divin.

Une pensée d'amour a présidé à la création ; une pensée d'amour est restée gravée en nous, a caractérisé notre vie et déterminé notre classement dans le monde des âmes après la mort (1), selon le bon ou le mauvais emploi que nous avons fait de notre marque divine.

Magnétisme, amour ; amour, magnétisme ; tout un ! Et sur le plan divin, c'est le mystère éclairci de ces grands mots : grâces, faveurs, onctions, pénétrations, providence, salut.

Dans ce mot vivant et fécond : « amour, » secret de la parole créatrice révélé à l'intelligence humaine dans son apogée spiritualiste, on trouve la Cause des causes. La raison s'illumine soudain, aux rayonnements de l'intellect irradié d'inspiration divine; elle éclaire merveilleusement notre vaste et profonde observation des évènements intimes individuels et des évènements publics collectifs.

Ceux-ci et ceux-là naissent de l'enchaînement naturel de circonstances prévues dans le plan *providentiel.*

---

(1) Je parle ainsi pour être comprise de ceux qui admettent une succession d'existences dans la même individualité.

Ces circonstances sont le résultat de répercussions inévitables de l'ordre fluidique, et c'est nous, le corps individuel ou le corps collectif social, qui, croyant être nos maîtres, en frappant une touche sonore plutôt qu'une autre, sur l'instrument extra-sensible de nos destinées, pouvons devenir nos propres bourreaux. Une note touchée fait vibrer une autre note par la loi du son, dans un écho que l'on peut nommer fatal, puisque rien ne peut l'empêcher. Ce ne sera pas la note que l'on voudra, ce sera celle qui aura été mise en vibratïon, par une loi rigoureuse et précise, régissant les résonnances harmoniques correspondantes. Tel son appelle tel autre son. Ainsi une pensée fait naître un acte, un acte fait naître des circonstances diverses aboutissant à un ou plusieurs évènements. En décomposant ces évènements, en remontant à la source qui les a provoqués, on trouve la pensée première qui a mis tout en œuvre. Si les conséquences en sont désastreuses, on est bien forcé de reconnaître que la pensée motrice était mauvaise. Elle a suivi ses étapes dans les phases d'action, en subjugatrice coupable. Elle a prouvé qu'elle était chose actionnante. En un mot, elle a été magnétique pour le mal. Peut-être sans le savoir ; mais, c'était sa loi d'obéir. Rien ne pouvait donc l'arrêter dans sa marche néfaste, sauf un pouvoir supérieur, le salut. Elle ne l'a pas voulu voir ou elle ne l'a pas rencontré. Peu importe.

Si, au contraire, nous avons à analyser la marche d'une pensée actionnante pour le bien; nous voyons un enchaînement calme d'heureuses circonstances, qui font que, malgré les obstacles d'un milieu ingrat, tout se termine favorablement. Surtout, si les personnes en jeu sont aussi puissantes, fluidiquement, que bonnes.

Avoir bien pensé pour bien agir, c'est s'être mis en union avec la Pensée créatrice, siège des harmonies parfaites. Dieu qui a *pensé* pour tout créer, a voulu la paix et le bonheur pour tous. Il arrivera à ses fins, quelles que soient nos ingratitudes et notre aveuglement; quel que soit notre orgueil, ce pire ennemi des suggestions d'amour pur et dévoué, ce rival des pouvoirs de Dieu même, pouvoirs qui, dans les mains perverses, se satanisent et rendent ignoblement fou.

Quand l'homme, dans sa faiblesse, par incitations intimes ou extérieures, a cédé à des pensées désordonnées et que le jour des regrets arrive, non parce qu'il a fait le mal, mais parce que le mal ne lui a pas réussi, on le voit navré et prêt à écouter les voix du Ciel. Il souffre, quand même et toujours; cela met le comble du trouble dans ses idées. « Tiens, dit-il, puisque j'ai pensé à Dieu et qu'il me laisse dans le malheur, eh bien ! ce n'est pas la peine que je m'occupe de lui. Si je recommençais le mal ! Cela me réussirait peut-être mieux cette fois-ci que l'autre ? C'est cela. Je vais, tout de même, faire une prière, je vais brûler un cierge, je vais faire dire une messe ; avec tout cela je serai béni et, sans doute, protégé ! » Ce langage singulier est très commun. Après une si bonne préparation, on court à sa perte à nouveau. Un beau jour les remords reprennent, parce qu'une fois de plus on n'a pas trouvé le paradis sur la terre. On avait cependant fait un bout de prières, brûlé des cierges, payé une et cinquante messes !... « Dieu n'est pas juste ! Pourquoi m'a-t-il mis sur la terre ? »

Malheureux ! tu voulais trouver un complice en Dieu même ! Et tu te plains que Dieu ne soit pas à tes ordres ?..

Dieu a projeté sa Pensée en nous ; nous ne sommes pas, tant s'en faut, les sujets extra sensibles et dociles de son souverain magnétisme, quoique ce magnétisme nous ramène à Lui finalement. Il nous a doté du libre arbitre. Sa Pensée se cache discrètement dans le coin le plus pur de notre âme. Nous nous plaisons à l'étouffer. Nous combattons contre notre Père à force de nous croire majeurs et au-dessus de tout.

Une Loi est écrite en nous. Le Tout-Puissant nous a faits semblables à lui par cette Loi ; c'est une Loi magnétique : Magnétisme-Amour.

Il faut que nous nous exercions à en développer le sens et à en accroître la force et les bienfaits.

Il faut que nous la comprenions.

C'est notre volonté qui nous remet dans la voie

droite de cette Loi; c'est notre volonté qui en annihile les bons effets.

Elle est toute puissante dans le bien.

Elle est représaille et vengeance dans le mal.

Oh! le Dieu vengeur, comme on l'a mal compris!...

Le choc en retour du mauvais magnétisme ; c'est la vengeance de Dieu.

Et ce choc en retour, c'est notre défense à tous, les bons et les justes! Notre vengeance vis-à-vis des traîtres de la flamme magnétique divine, vis-à-vis des exploiteurs, des charlatans, des dupeurs et subjugateurs de volontés, des vampires de consciences et des flétrisseurs d'âmes, des meurtriers des corps et des bourreaux de l'intelligence ; de ceux qui rient de l'œuvre de Dieu et se jouent de l'humanité, dans le plus cruel des cynismes.

Une pensée nous approche de Dieu par la Loi que l'on doit connaître aujourd'hui, comme une pensée nous en éloigne. Les méchants mettent les bons en pleine lutte journalière, en brisant les rayons du soleil divin qui sature ceux-ci de douces influences ; mais, la *Loi*, la divine Loi ne les laisse pas profiter de leurs méfaits : un jour ou l'autre ils sont punis.

On a donné le nom de justice *naturelle* aux phénomènes admirables des chocs en retour qui renversent les manipulateurs infernaux avec leurs philtres et leurs plans. Restait seulement à savoir pourquoi cette souveraine justice était *naturelle* et comment elle opérait.

Pour en revenir à nos mauvaises actions personnelles ou à nos bonnes actions, je ne puis que me résumer ainsi, suppliant Dieu de donner une grande lumière à mes lecteurs, afin d'être comprise dans un sujet si nouveau pour eux :

Lorsque nous avons mal fait, nous pouvons le reconnaître, réparer, nous amender et essayer de mieux faire ; cela nous place sur la voie du cœur de Dieu par l'union attractive des rayons d'amour correspondants. Quand nos réparations seront complètes, nous jouirons des droits que nous portons inscrits en nous, par notre organisation sensationnellement magnétique et divinisée en principe.

Si toute notre vie a été pure, noble, courageuse, dévouée ; si nous avons fait de grands actes de bien, des sacrifices pour le bonheur d'autrui ; une douce sérénité nous baigne. Nous sommes dans la paix ; nous avons les caresses de Dieu. Ses caresses, oui, c'est-à-dire que notre cœur est en pleine fusion dans le sein des pures harmonies et des inénarrables voluptés fluidiques, dans le Cœur des cœurs, celui de notre suprême initiateur. La vraie science, le vrai bonheur nous sont acquis dès lors. Qui n'a pas éprouvé les tressaillements de l'amour divin, ne peut point s'en faire une idée ; mais tout le monde y est appelé.

Etre dans l'harmonie divine, c'est donc éprouver les conséquences magnétiques de l'auguste Pensée initiale qui a dit : « Vous aimerez et vous aurez le ciel ». Magnétisme-Amour ! Or l'amour, il n'existe aucune vraie puissance. La puissance d'amour est de royauté éternelle. La posséder, c'est avoir la Vérité même en soi ; car la VÉRITÉ, c'est l'Amour en Dieu.

Les plumes les plus activées d'amour divin ont tracé l'éloge de la béatitude céleste, de l'extase, sans avoir jamais pu écrire le nom de la grande Loi vitale qui nous gouverne, nous rend solidaires et nous voue aux délices d'un vrai paradis, que chacun peut porter dans son cœur dès cette Terre.

Le temps n'est plus où l'on peut considérer Dieu comme un être allant et venant vers qui lui plaît, ou qui a été le plus adroit, ou le plus véhément à l'attirer. Ses faveurs ne peuvent être fantaisistes et, surtout données au plus offrant des biens terrestres. Il faut se rendre à l'évidence, qu'il n'y a point de registres tenus de nos actes et de nos pensées par Dieu ou ses représentants. C'est nous qui imprimons en nous tout ce qui peut y être imprimé, et qui vibrons à tout ce qui nous touche, par les réseaux d'une étroite et rigoureuse solidarité. Nous sommes notre propre livre. Quand le livre n'est pas propre, il faut le nettoyer ; c'est bien souvent un travail de nécessité fort pénible et fort long.

C'est la Loi ; rien ne peut nous y soustraire.

Sphinx, révèle-toi ! Géant de l'amour créateur, inspire-moi ! car il est impossible à une créature humaine de pouvoir exprimer comme il conviendrait, ce qui n'a pas encore de mots pour être traduit dans aucune langue !

Divin Père ! Tu as de Ton SOUFFLE pénétré les âmes, et tu as ainsi parlé :

« Allez librement accomplir vos pérégrinations terrestres !.....

« Malheureux enfants, vous me méconnaissez et vous vous servez déjà de votre liberté pour vous perdre dans les tourbillons de la chair, du sang et des boues fétides. Vous êtes des ingrats, des révoltés !.. J'ai pénétré votre être spirituel de l'idée que je vous faisais semblables à moi ; vous, vous avez travesti cette pensée, vous avez voulu être au-dessus de moi, et tout ce que vous avez fait pour vous élever, n'a été, hélas ! que tristesse et confusion pour vous.

« J'avais dit à chacune de vos âmes lancées dans l'espace :

« Va, âme libre ! use de ta liberté pour avoir le « mérite des bonnes œuvres ! »

« Et voici que tu t'es trompée dans l'emploi de cette liberté ; tu souffres maintenant. Tu es labourée de remords, hélas ! trop tard, crois-tu.

« Non, il n'est jamais trop tard.

« Reviens, toi semblable à ton Père, mais défigurée aujourd'hui, reviens par les voies fluidiques du repentir qui est prière, par l'amendement des actes qui est prière, par la réparation qui est prière.

« Si tu n'es pas dans la justice, tu n'es point avec moi ; si tu n'a pas l'amour, tu ne me ressembles en rien.

« Je t'ai envoyée et, voyageuse imprudente sur une terre où toi et tes pareilles avez semé, les unes pour les autres, des écueils à plaisir, tu as voulu oublier ton Père.

« Tu as, pour ainsi dire, pris les pierres de ton chemin pour élever un mur d'isolement entre toi et moi.

« Tu t'es dérobée aux pénétrations du fluide sauveur.

« Enlève une à une ces pierres, c'est-à-dire purifie-toi de toutes tes souillures.

« A mesure qu'une pierre sera enlevée, tu recevras à nouveau la projection du rayon de fluide réparateur. Tu ne seras plus une isolée.

« Quand tout l'échafaudage de tes passions pernicieuses sera détruit, tu seras en vue de mon soleil de gloire.

« Tu recevras la plénitude des rayons de mon bienfaisant magnétisme.

« Il te sera révélé, alors, le secret des infinies voluptés d'amour pur qui te rendront semblable à moi.

« Car, moi, j'ai créé par l'amour et pour l'amour.

« L'amour de mon cœur est une chose restée vivante au cœur de toutes les âmes, que j'ai envoyées en mission de perfectionnement dans leur libre arbitre et de purification après leurs chutes.

« Le magnétisme-amour ne peut jamais disparaître du sein où je l'ai insufflé.

« J'ai fait toutes les âmes sœurs par un rayon de mon amour divin.

« La grande Nature a été chargée de dévoiler elle-même une partie des lois solidaires magnétiques.

« Les hommes apprendront par des faits, que le rayon d'or de mon cœur, relié en chacun d'eux, et qui les prépare à jouir de mes prérogatives pour faire le bien, leur sera dévoilé dans son essence ; ils sauront que le magnétisme est créateur et vivificateur ; que le fluide est *intelligent.*

« J'en ai ordonné les lois fonctionnelles dans la plus rigoureuse justice, afin que nul ne put s'approprier sans mérites, l'honneur de cette partie de ma puissance. Elles ne peuvent être soumises aux caprices du changement; encore moins du hasard, lequel n'existe pas.

« Par ces lois, âme et toutes les âmes avec toi, et quels que soient vos détours et vos retards, vous serez obligées de revenir finalement au sein paternel, centre du fluide magnétique de l'amour, par lequel vous êtes sauvées en principe.

« Créées de l'amour, vous devez aboutir au but final de l'amour.

« C'est en vain que vous vous déroberiez à une attraction irrésistible, vous reliant dans l'infini des éternités heureuses.

« Tout ce que vous faites pour enfreindre l'ordre

des choses établi, vous blesse comme autant de cruelles morts.

« Mais, j'ai dit, dans ma *Parole* première : « Vous vivrez ! » et, chères âmes, la vie est en vous.

« Cette Parole vous appellera à travers les siècles de souffrances que vous traverserez ; même jusque dans la mort, pour un Triomphe Divin.

« Vous finirez par comprendre le procédé simple de ma création.

« Vous vous apercevrez que vous seuls, aveugles terriens, avez compliqué les situations terrestres en vous mettant hors de ma loi, en brisant les rayons du magnétisme vivifiant.

« Quoiqu'il en soit, un de ces rayons était en vous à demeure.

« Vous le sentiez sous les étreintes du remords ou de la mélancolie.

« Vous le nommiez voix de la conscience.

« Ce rayon a été pour votre esprit, le guide qui vous a mis en vue de l'étoile polaire pour que vous ne soyiez jamais perdus.

« Au port, chères âmes endolories, puisez la force des forces dans mon cœur qui appelle et appellera toujours ses enfants.

« Soyez en union avec mon cœur et avec tous les cœurs qui me sont pleinement unis.

« J'entends vos soupirs !

« J'entends et j'entendrai toujours le bruit de vos larmes, qui entraînent dans le torrent spiritualiste, pour les laver, vos pensées souillées et vos actes coupables.

« Ces larmes, ces soupirs, ce sont des prières.

« Priez toujours !

« Surtout, comprenez bien ce qu'est la prière.

« C'est l'opération de la pénétration de votre amour purifié, dans mon sein tout ouvert aux réceptions invocatives, et c'est la transfusion de mon amour en votre propre sein, pour vous rendre les forces que je vous tenais en réserve.

« La prière est un acte d'amour; tous les actes accomplis dans ma pensée sont une Prière ».

Il ne s'agit plus, comme on l'a toujours cru, de murmurer des mots de supplique à Dieu pour fléchir son courroux ; non, ce n'est pas cela. Il s'agit de mettre en action une force latente en nous, au service du bien et de la vérité ; c'est le pouvoir du magnétisme puissant au nom de Dieu, l'exercice de nos devoirs de solidarité entre tous les hommes et de plus entre les hommes et les Esprits. O admirable rouage de la création, que tu es grand dans ton but et simple dans ta manière d'opérer ! Que ne puis-je impressionner le cerveau du plus incrédule ou du plus ignorant, de tout ce qu'un petit point lumineux dans mon intelligence, m'a ouvert de voies éblouissantes à travers la vie que l'on ne sait pas voir telle qu'elle est ! Que ne puis-je effacer d'un trait les préjugés superstitieux du fanatique aberré, briser les verres faux des faux savants, casser les échasses des énergumènes dominateurs et dire à chacun : paix, vérité, science et bonheur, ne se trouvent et ne se trouveront pour tous que dans un mot très court et une connaissance très simple; il ne faut ni des verres, ni des échasses, ni des moulins à prière pour apprendre, découvrir et régner; il faut savoir trouver en soi ce qui représente la force divine, l'étincelle vivante qui épure, préserve, instruit et sauve de tout. L'homme est sur la voie du bonheur, s'il sait développer ses facultés supérieures et ouvrir son cœur aux souveraines dispensations fluidiques; il est un Dieu si, après avoir traversé l'initiation de la souffrance avec courage, il met au service de l'humanité la puissance psychique que lui a méritée ses épreuves.

Les actes humanitaires des groupes spiritualistes sont des prières collectives, pour faire ascensionner le monde dans le magnétisme divin.

Et les réunions du 27 sont destinées à produire le suprême entraînement vers un ordre de choses voulu de toute éternité dans la Pensée de Dieu. Un monde nouveau va s'élever sur les débris de l'ancien.

Nous n'attendons pas que Jésus vienne apparaître dans la maison de qui que ce soit, ni sur les toits des monuments, fut-ce ceux du Saint-Père le pape et de ses Eglises, sous lesquels sont exclusivement monopolisés les prodiges miraculeux. Non, ce que nous attendons, nous en observerons l'arrivée sous la voûte céleste et sur la terre pour tout le monde.

Ainsi qu'il a été dit, les meilleures prières, ce sont celles qu'exhale notre âme dans des élans d'amour. Cependant, beaucoup de personnes ne sont pas arrivées au degré de sensibilité spiritualiste qui permet les hautes envolées de l'Esprit, sans le secours des mots. Ces mots fixent leur pensée, augmentent leurs sentiments.

A leur intention nous publions plus loin des *Formules* pour le 27; de plus, des *Résolutions méditatives* au nom du plus Grand Commandement qui est toute la Loi et les Prophètes.

VIII

A LA GLOIRE DES MÈRES

Je consacre ce dernier chapitre à la Gloire des Mères et j'eusse voulu faire du titre la dédicace de ce petit livre.

Les Mères, dont j'entends parler, sont aussi modestes que puissantes et aussi bonnes que sublimes. Elles viendront couvrir de leurs ailes d'anges, ce nouveau-né péniblement venu et abandonné à leurs soins. Elles échaufferont et féconderont sa vie ; car, sans elles, rien, dans le domaine de l'amour, ne saurait être complet.

A cette dernière place elles compléteront tout.

Parlons donc un instant des Mères, parlons de la Mère, ces célestes créatures qui ont semé les grains d'or de leur cœur dans le champ de l'ingratitude, pour le bonheur même des ingrats.

Il n'est permis à aucun spiritualiste de se désintéresser de cette question. Chez plusieurs, chez le plus grand nombre, hélas ! c'est un devoir d'y réfléchir pour se former des idées nouvelles. La raison impose de ne pas céder au courant moderne, dont l'esprit fin de siècle semble être, tout particulièrement, un esprit de divagation. La haine du prêtre a fait naître le mépris de certains cultes. Mais, voyons en vérité si, au contraire, nous n'avons pas le devoir, nous les partisans d'un spiritualisme de progrès, de disputer plus d'une sainte au giron catholique qui en a tant brûlées et des meilleures.

Une sainte ridiculisée, c'est Marie.

La mariolâtrie dont on accuse inconsidérément celui qui met sa confiance et sa foi dans la créature prédestinée qui fut Mère du Christ, n'amoindrit en rien l'élévation de caractère et la hauteur de vues du croyant injurié. Le scepticisme et le sarcasme n'ont d'autres causes, vis-à-vis de cette sainte figure, qu'un sot préjugé et le partis pris, ou le manque de connaissances de la science sacrée.

Oh ! vraiment, je ne sais pas pourquoi quelqu'un n'a pas songé à nier le soleil ou à mépriser sa raison d'être !

L'homme se croit grand, quand il peut unir deux paroles pour exprimer la valeur d'une pauvre idée creuse ; il se croit fort quand, par l'alambic de son cerveau, s'est élaborée une pensée fausse que sa langue rejette sous forme d'injure.

Va-t-on nous conduire à la Salette ou à Lourdes, s'écrie-t-on ?

Eh ! pourquoi faire ? Puisque, sans sortir de chez soi, on peut voir les anges et trouver le Ciel.

Vous qui vous moquez de la Mère d'un Sauveur, vous moqueriez-vous de votre propre mère ?

Vous qui êtes spiritualiste chrétien et qui faites de Jésus le directeur de la planète, comment cependant avez-vous traité sa Mère ? Je parle à des spiritualistes qui se disent en progrès sur leurs frères restés attachés à l'Eglise ; aux spiritualistes qui, par mépris du cléricalisme, se sont rendus coupables de toutes les fautes et de toutes les aberrations, quand ils ont effleuré le sujet des vérités d'ordre céleste et divin.

De quel poids pèse donc le mérite du prêtre devant la Science Eternelle de Dieu ? Que sert de scruter les desseins d'un homme, si c'est la Pensée de Dieu qui dirige les événements ? Pourquoi juger de la valeur d'une religion par la conduite de ses ministres ? Comment voir tout dans un cercle rétréci, quand c'est dans l'infini que notre âme se meut ? Pourquoi juger sans lumières vraies et uniquement dans le brouillard de notre ignorance ? Pourquoi réduire tout à notre taille de pygmée, quand tout est grand jusqu'aux confins des mondes ?

Et dans un ordre d'idées éminemment plus supérieures, on se demande encore, pour peu que l'on réfléchisse :

Dieu qui a créé l'homme à Son image, a-t-il voulu la déchéance plus complète de la moitié féminine que de la moitié masculine ? L'être intelligent, roi de la création, peut-il se compléter d'une fraction vivante qui se rapproche de lui par l'animalité et s'en éloigne par les aptitudes intellectuelles; qui s'unit de cœur et se sépare de raison ?

Impossible, on le voit, de parler des Mères et de la Mère des Mères, c'est-à-dire de la femme sainte, parfaite et dévouée jusqu'aux plus grands sacrifices en faveur de l'humanité, sans effleurer incidemment la question plus modeste de toutes les femmes.

L'homme peut-il avoir une couronne que la femme ne mérite pas ? La femme ne saurait-elle être astreinte qu'à l'esclavage vil, quand l'homme serait maître et seigneur ? N'aurait-elle que des devoirs quand l'homme aurait tous les droits ? Enfin, devant Dieu, la créature masculine et la créature féminine, unies comme ne faisant qu'un, auraient-elles, dans l'œuvre d'ensemble, une discordance si criarde que, regardant l'une des deux moitiés, on ne comprendrait jamais comment elle peut s'harmoniser avec l'autre ; comment le tout pourrait se maintenir dans un équilibre parfait.

Spiritualistes émancipés dits *de progrès*, laissez l'Eglise et tous les temples du monde si vous voulez ; laissez les prêtres de tous les cultes, laissez tout ce qui vous parait gangrené et mauvais ; mais, de grâce, à force de détruire les autels et leurs ministres, ne sapez pas la vérité même dans sa base et n'étouffez pas les voix du Ciel !

Une grande voix du Ciel, une puissance suprême, une domination d'amour s'annoncent aujourd'hui et vont faire éclater le prodige qui confondra l'orgueil humain !

Toutes les voix prophétiques humaines ont annoncé le règne de la femme. Et pourquoi le règne de la femme viendrait-il, si la femme n'était dépositaire d'un secret divin ?

Et comment serait-elle en possession d'un secret divin, si le principe féminin n'avait une prépondérance d'action dans les phases de rénovation humanitaire, si la femme n'avait une royauté spiritualiste dans ce monde et dans l'autre ?

Mais, admettons, malgré ce que les Esprits supérieurs viennent nous dire de partout aujourd'hui, qu'il n'y ait que l'égalité et non la supériorité d'un sexe sur l'autre, c'est même, personnellement, ce que je voudrais croire, ne serions-nous pas conduits, forcément, à voir les deux principes unis dans un seul centre de vie divine ? Ne faut-il pas la Mère pour compléter le Père, et réciproquement ?

Lorsque les penseurs philosophiques ont appelé Dieu Père et Mère, ont-ils jamais bien voulu comprendre ce qu'ils disaient. En tous cas, nul encore ne les a compris, ces messieurs qui sont plus mystiques que les mystiques, tout en se nommant libres-penseurs.

Mais je veux parler en simple femme spiritualiste, désireuse de rendre hommage à mes sœurs; et je veux le faire sobrement, avec un gros bon sens mêlé de cœur.

Je veux dire d'étudier sérieusement, sans préjugés et sans parti pris, ce qu'est la femme dans la Pensée créatrice ; d'observer les phases de ses périodes de souffrances à travers les âges ; ses luttes et ses dévouements. Alors, l'Esprit lucide découvrira, sous le feu des regards célestes, toute la génération des femmes fortes, ces femmes qui viendront, ou reviendront, ouvrir les arcanes secrets du triomphe final universel, agissant au nom de Dieu.

Connaître et comprendre la femme selon Dieu, c'est, par dessus tout, évoquer les grandes et saintes figures.

La femme est Mère physiquement et spirituellement et elle porte en elle les parcelles vitales de l'universelle maternité, transmise par une première Mère, la plus près de Dieu, ou en Dieu.

Il y a une Mère typique, manifestant le principe féminin de l'androgynie divine même. Les révélations modernes au sujet du bi un en sont la confirmation.

C'est ce principe incarné qui est toute notre adoration, sans idolâtrie, quand, le feu sacré au cœur, nous saluons la créature choisie pour amener au monde un messie, ou pour aider à sa tâche, ou pour remplir d'elle-même une mission sublime au sein de l'humanité.

C'est avec la même dévotion convaincue, avec le sentiment d'une grande et unique vérité, qui exalte notre reconnaissance, que nous saluons les grandes âmes en qui le principe féminin divin s'est montré dans sa pureté et sa puissance. Dieu a ainsi laissé pénétrer, par la réincarnation de ce principe fécond, ses desseins pour un progrès constant de la planète.

Les Mères engendrent le monde ; les filles de Dieu, les filles de ces Mères, forment le cortège de la Mère typique et sont ses auxiliaires dans l'œuvre d'amour universel. L'œuvre d'amour, le saint magnétisme, dont nous avons parlé au chapitre la Prière, a besoin des Mères pour faire ascensionner l'humanité. Et c'est ainsi que tant d'âmes sublimes traversent le monde, dans des envolées d'anges en mission.

Salut à Héva, dont le nom signifie : « ce qui complète la vie » ; salut à l'Eve de notre Eden biblique, dont personne encore n'a bien compris la faute ! salut à la grande Maya, Mère de Boudah ! salut à l'humble Marie, Mère du doux Jésus ! salut à Isis, qui est Marie ! salut à toutes les Mères du monde et des Messies, venus pour nous faire ascensionner jusqu'au cœur divin.

Aimons toutes les Mères, ces Mères divines qui sont le souffle d'une seule âme dont nous suivons, à travers les âges, la trace lumineuse. Aimons-les dans leurs manifestations multiples pour les missions de régénération et de salut, dans leur maternité triomphante ou douloureuse, physique, morale ou spirituelle.

Aimons-les dans l'adorable simplicité de la vie domestique, qui nous apprend la vraie grandeur comme l'apprit Marie. Aimons-les dans les missions sublimes d'anges sauveurs, comme le furent Jeanne d'Arc et Geneviève.

Geneviève sauva Paris ; elle l'enfanta tous les jours pendant sa longue vie, dans son inépuisable bonté généreuse. Au moribond, à l'affamé, elle apportait le cordial et le pain ; disputait sans cesse à la mort les enfants de la ville frappée. Son sein était le nid des fécondités providentielles ; elle trouvait tout en elle : amour, courage, persévérance, pour sa maternité protectrice.

La vierge Jeanne d'Arc, Mère mystique de la France, engendrait, du haut de son bûcher, les générations de médiums, que l'Eglise ne pourrait plus brûler. Ses cendres pures retombèrent sur ses bourreaux comme une vengeance, *loi des chocs en retour*, et Dieu semblait faire entendre de sa voix puissante, du haut de ce bûcher éteint, devenu un trépied de gloire, le nouveau *Fiat lux !*

Aimer les Mères, c'est s'unir intimément, faire corps avec elles, pour ainsi dire, par les vibrations magnétiques. Et c'est ainsi participer de leurs pouvoirs. Les Mères de la Révélation, les Mères par le sang ou par les fluides spirituels, par les larmes et par le martyr, sont une Force unique entre elles toutes. Ayant découvert dans l'ordre d'un principe divin établi, une partie divine féminine se manifestant dans l'humanité en vue d'un but glorieux, j'indique un centre d'affection au nom de toutes les élues du Père, c'est-à-dire les victorieuses par leurs mérites, et en l'honneur de notre Messie chrétien Jésus, dans le cœur même de Marie. En aimant la grande Myrionime, la reine aux mille noms, on aime Dieu même qui se reflète en Elle et qui répand toutes les forces avec toutes les vertus.

Je crois, en sincérité de cœur, que comprendre l'existence du principe divin féminin ainsi en action dans le monde pour l'épurer, ce n'est pas commettre d'hérésie, quelle que soit la religion où l'on se place.

Je crois devoir affirmer mon intime conviction d'une manière plus absolue et caractéristique pour conclure et rester sympathiquement unie de cœur et de raison à tous mes chers lecteurs, quels qu'ils soient, en disant ceci :

Aimez Isis, aimez Maya, aimez Marie, vous n'en aimerez jamais qu'une.

Quand les voiles d'Isis seront soulevés complètement, la vérité unique aura lui et il n'y aura plus de division parmi les hommes pour juger de la femme.

Et l'homme ne sera vraiment dans la vérité et il n'en éprouvera les bienfaits, que lorsqu'il aura compris le mystère d'amour qui a présidé à la création et qui n'a cessé de répandre son influence cachée pour, finalement, confondre les théories de l'orgueil humain.

« Bienheureuses et glorieuses Mères, qui vous êtes élevées jusqu'au cœur de Dieu par toutes les souffrances et les humiliations, attirez à vous les femmes de ce monde pervers et faites-leur connaître les vraies joies, dans les émancipations spirituelles !

Inspirez-leur de répandre ce petit livre du Grand Amour qui peut faire connaître le vrai bonheur auquel tout cœur aspire. Quelles le donnent à leurs parents et à leurs amis, quelles suivent vos douces et irrésistibles impulsions.

Moi, l'une de vos plus humbles filles, j'ai accompli un devoir pénible, vu mes faibles forces, en produisant ce qui eût dû l'être par une plume plus véhémente et plus autorisée. Mais, si vous m'aidez, je ne crains rien.

Mère des mères et toutes les Mères augustes, trois fois victorieuses et éternellement triomphantes, nous vous devons tout ; mais, vous êtes si grandes, que vous nous donnerez plus encore !...

Vous précéderez la descente des légions de lumière sur la terre sombre et malheureuse ; vous y apporterez les premières joies d'une nouvelle vie ; les terriens qui auront préparé votre venue et celle des Sauveurs divins à votre suite, se jetteront dans vos bras.

La plus douce des récompenses n'est-elle pas dans le cœur d'un ange?

En ces jours de triomphe, les âmes sœurs se chercheront; et, grâce à vous, divines Mères, grâce à vos sacrifices héroïques au sein de notre planète d'épreuves et de combats, grâce à votre doux ministère d'amour parmi les hommes souffrants, grâce à la prédilection du Père pour vos infinis mérites, plus d'un cœur vibrera en harmonie avec le cœur aimé.

La fusion du double principe sera une chose accomplie pour ceux qui s'en seront rendus dignes. Et la vérité que les êtres complétés posséderont en eux, confirmera la vérité de Dieu même.

Ames sœurs de tous les mondes, n'est-ce point pour vous que la Mère et les Mères ont inspiré la pratique de l'union universelle d'amour?

Alors toutes, mais toutes ensemble et de partout, aidez aux Mères, propagez l'œuvre que ce petit livre représente et qui vient à point pour réaliser vos désirs.

Lisez bien, relisez et sachez comprendre.

Bon Père céleste dont les voies impénétrables semblent se dévoiler aujourd'hui, quel sera mon bonheur et combien grande ma récompense, si, pour ma petite tâche d'éclaireur, j'ai votre vraie lumière en moi, l'amour du Père, l'amour de la Mère et des Mères, l'amour de tous!

En attendant que les prodiges attendus sillonnent

l'espace et comblent nos vœux sur la terre, que Dieu entende la prière finale que mon cœur exhale de concert avec tous les cœurs amis :

« Bénie sois-tu, heure du vingt-sept, qui tinte « dans les espaces pour réunir les parfaits et ceux « qui veulent le devenir ! Que ton son divin nous « pénètre des délicieuses espérances et des fermes « résolutions. Que ta douce harmonie prépare l'har- « monie des intelligences et des cœurs. Qu'elle dis- « pose les êtres à se comprendre, à se pardonner, « à s'aimer. Vibre partout, du palais à la chaumière, « vibre en tout dans la nature vivante, ranime et « purifie tout. Que ta puissante influence actionne « tout, pour le grand Réveil qui sera une résurrec- « tion ! »

APPENDICE

PRÉAMBULE

Des formules de prières sont nécessaires pour fixer la pensée et préciser les sentiments ; elles aident à l'expansion du cœur et unissent les membres d'un groupe assemblé dans une plus parfaite harmonie.

Plusieurs formules ci-jointes ont été publiées dans la *Lumière*, avec le compte-rendu de quelques séances ; elles émanent de nos guides spéciaux.

Appartiennent à cette catégorie : L'*Invocation de l'archange Michel*, le *Vœu d'amour universel* (Salem), *Le rendez-vous dans les espaces purs* (Salem), *Paroles de Jésus Emmanuel*, *Prière du Signe* (Emmanuel), *Evocation pour l'Ascension suprême* (Salem), *Au Père* (Miriam), *Pour procéder au magnétisme des objets* (Miriam), *Aspirations de l'âme pour les temps de troubles sociaux* (Salem), *Prière pour la France* (Michel), *A la Mère des Mères* (Salem).

Les autres formules ont été envoyées par nos adhérents. *Reconnaissance et supplique* (spirite adhérente), *Parfums bénis* (groupe éliaque du Carmel), *Prières esséniennes* (groupe essénien).

Une poésie des œuvres de Lamartine s'ajoute à ces prières.

Le *Credo du Nouveau Spiritualisme*, encore bien incomplet, est de l'auteur de ce livre, ainsi que les *Résolutions au nom du grand commandement : « Aimez-vous »*.

Quelques communications et un *Tableau des heures* complètent cet appendice.

La première invocation de ces pages fleuries dans l'amour divin, date de l'année 1883.

L'archange Michel apparut environné d'une multitude d'Esprits représentant tous les pays de l'univers et élevant les drapeaux de chaque nation. Un immense étendard bleu céleste les dominait, tenu par un Esprit allégorique : La *Lumière*. L'alliance universelle était ainsi indiquée.

Dans un défilé solennel, les drapeaux étaient inclinés tour à tour devant un être qui pleurait de sensibilité émue et craignait d'être fort au-dessous de la tâche qui lui incombait. Surtout qu'en ce moment il était au temps le plus noir de ses épreuves spiritualistes parmi les hommes et qu'il pouvait désespérer d'être entendu.

INVOCATION DU GRAND ARCHANGE

Sous la bannière de Lumière

Dieu trois fois saint, que Ton nom soit béni et acclamé dans tout l'Univers ! Les grandes choses accomplies en Ton nom pénètrent d'amour tous nos cœurs. Que le feu de Ton souffle embrase et épure toutes les créatures imparfaites ! Nous t'invoquons, Dieu Immensité ! Dieu Infini ! pour que le Règne, le Grand Règne élève le monde à la hauteur d'où Tu l'appelles. Sois clément aux coupables, mets les inférieurs au niveau des connaissances; car si l'homme reste ignorant, il reste malheureux. Donne à tous le réel savoir, éclaire la terre de Ta Lumière divine, afin qu'il n'y ait plus de déshérités. Que tous voient dans les ténèbres, que tous entendent, que les saintes voix percent les opacités des fluides matériels ! Le son ne parvient point à l'oreille de l'homme perdu dans le brouillard ; l'homme ne voit point dans l'obscurité ; il faut que le Soleil de Justice fasse au milieu de l'ignorance ce que fait l'astre soleil au sein des ténèbres terrestres. Dieu, pénètre les consciences, réchauffe les cœurs ! Dieu, répands l'amour ! L'amour est le triomphateur de la mort. Baigne de Tes sérénités les travailleurs de Ta cause ; enveloppe de fluides légers, brillants, fortifiants, puissants, de fluides reliés à Ta pure essence, les aimés, nos protégés, nos volontaires de la Légion sainte. Ensemble, tous, nous promettons d'agir solidairement et de rallier à la cause unique toutes les nations. Ces drapeaux, ces étendards se donnent le baiser de Paix en la spiritualité qui, seule, fait progresser le monde et rend tous les cœurs fraternels. »

VŒU D'AMOUR UNIVERSEL

Mon Dieu, que ceux que vous avez réunis par la Pensée aujourd'hui, ne fassent qu'un seul et même Cœur en Vous !

LE RENDEZ-VOUS DANS LES ESPACES PURS

Effusion méditative

Tous nos frères, dans la Communion de l'amour universel, élèvent leurs cœurs jusqu'au centre des lumières éternelles, au rendez-vous suprême des âmes aimantes, unies dans le sein du vaste cœur embrasé de Dieu. Pas de distance entre nous tous participants à cet embrasement d'amour ; nous ne sommes plus seulement une chaîne d'âmes ; nous sommes un groupe étroitement enlacé.

Une puissance immense réside dans cette association spirituelle et l'on peut dire, que le travail divin commençant à heure fixe, une fois chaque mois, se perpétue de jour en jour, d'instant en instant, dans l'acte du magnétisme de l'amour infini. Ainsi, de mois en mois, la force accumulée s'augmente, et les hommes progressent avec les Esprits sans secousse et sans peine, et les malades trouvent la guérison, les agités le repos; tous une part de bonheur.

Bénie soit l'heure sainte de la Communion des âmes !

Merci, Père de toutes choses, par qui nous avons la plus belle dans le pouvoir de vivre avec tous d'une seule vie d'amour au sein de ton cœur embrasé !

Béni sois-tu, Amour ! par qui tout progresse et se fortifie, par qui tout se transforme, tout s'élève, par qui tout gravite dans la vertu suprême de l'universalité divine !

Fluide divin qui fait la vie de nos cœurs, de nos âmes, de nos corps, de nos esprits, sois béni !

Répands-toi dans ta force, sois donc, enfin, aux yeux de toute l'humanité, cette force des forces que tu as voulu concentrer exceptionnellement entre des doigts humains, sur le front et dans le cœur de la créature privilégiée méritante, pour que la lumière soit à tout jamais dans le monde.

Elevons-nous tous et rendons nos pensées fécondes ! C'est une science cela. Elle ne s'enseigne point par des paroles, elle s'imprime dans l'esprit, quand on a su ouvrir son âme aux rayons vivifiants, qui font éclore tous les dons spirituels.

Amour, Sagesse, Vérité

PAROLES DE JÉSUS EMMANUEL

SUR LE SIGNE DU CŒUR TRIOMPHANT QUI DOIT REMPLACER LA CROIX MARQUE LE RÈGNE DE L'ESPRIT RÉALISE LE VŒU D'AMOUR UNIVERSEL

Au nom du Père, que le bien se fasse ! Que la lumière se répande ! Que la force soit donnée aux faibles et que la persévérance maintienne les forts dans leurs devoirs !

Au nom du Père, que les fléaux s'éloignent de ceux qui ont force et foi et que toutes les vertus remplissent leur cœur !

Que tous les dons spirituels soient donnés à ceux qui les attendent, à ceux qui depuis longtemps les espèrent !

Que le Fluide puissant de la nouvelle dispensation soit distribué au nom du Père, à tous les enfants de son amour !

PRIÈRE DU SIGNE

Accompagnant les paroles de Jésus Emmanuel

MON Dieu, j'attends de vous le courage, la force la vertu, la santé, les dons spirituels.

Je grandis jusqu'à vous, porté et soutenu par vos légionnaires de l'ère nouvelle. Puissé-je être digne de vos faveurs et obtenir tout ce qui m'est nécessaire.

Je vous prie de pénétrer mon cœur d'effluves fortifiants et d'éclairer ma raison.

J'espère arriver au terme des épreuves terrestres, afin de pouvoir librement m'engager dans la voie militante pour le triomphe du monde, pour le mien et pour votre gloire.

ÉVOCATION POUR L'ASCENSION SUPRÊME

Bontés et beautés de Dieu, manifestez-vous au sein de la terre des malédictions.

Que les méchants soient dominés par la toute puissance du bien. Que le mal et les laideurs impures soient vaincus par les célestes et resplendissantes clartés du royaume de gloire qui descend !

Anges, génies, héros, sauveurs, au nom de Dieu, apparaissez !

Délivrez-nous de nos entraves, ouvrez notre entendement, dessillez nos yeux.

Que les tortures, les souffrances de l'âme et du corps soient apaisées !

Que la foi remplisse le cœur vide !

Que l'amour divin de l'universelle alliance l'exalte et le fortifie !

Que la paix règne parmi les révoltés de castes et de partis ; parmi les hommes de la docte science qui injurient les hommes de la révélation sainte !

Que la force ranime le soldat blessé au champ de l'honneur pour la foi !

Que le cordial des effluves célestes soit infiltré en l'âme de tous les combattants du bon combat, qui marchent à l'assaut des possessions démoniaques, pour établir le vrai bien divin, et retrouver les trésors spirituels perdus dans les fanges pestilentielles !

Que tous nos bras relèvent les cadavres de l'erreur matérialiste ; que, par notre souffle d'amour, nous les ressuscitions à la vie nouvelle !

Faisons l'ascension suprême vers les hauteurs parfumées des prières des âmes ardentes, emportant avec nous, pour leur bonheur, tous les enfants perdus du vice, du mensonge et de l'incrédulité.

Travaillons, travaillons de tout notre courage, en donnant l'exemple des vertus sublimes et du sacrifice perpétuel.

Aimons, pardonnons, souffrons, pour racheter ceux qui n'aiment ni ne pardonnent.

Violentons les cœurs durs, par l'effusion des cœurs compatissants et dévoués réunis.

Et ainsi, nous pourrons célébrer bientôt le triomphe de l'amour universel et des gloires éternelles qu'il ouvre à tous !!

ÉVOCATION DE MIRIAM

AU PÈRE

En faveur de ses enfants terrestres

PÈRE, le temps est noir sur la terre, les cœurs souffrent et toutes les maladies font des ravages. Ouvre les voies par où doivent s'échapper les torrents de feu purificateur ; ouvre les voies par où doivent passer les âmes reliées à tes cieux pour le travail humain. Que les âmes qui se dévouent à la cause terrestre puissent venir prendre dans ces voies les fluides vivants qui seront la victoire sur la mort ! »

PRIÈRE DE MIRIAM

Pour procéder au magnétisme des objets.

« Mon Dieu, bénissez ces remparts fluidiques contre tous les fléaux, tous les vices, toutes les maladies. Que chacun y trouve ce que son cœur désire en union avec sa foi; que l'œuvre de délivrance universelle s'accomplisse au nom d'Emmanuel, au nom de Dieu ! »

RECONNAISSANCE ET SUPPLIQUE

COMMENT reconnaitrons-nous jamais, ô mon Dieu, les immenses bienfaits dont vous ne cessez de combler vos enfants. La Communion universelle des vivants et des *morts* rend le plus parfait témoignage de votre grandeur. Votre Esprit Saint, pénétrant la terre de vos effluves divins, nous renouvelle incessamment et, par l'alimentation dont votre cène fut la figure, épure, vivifie, sanctifie et transforme nos volontés et nous place dans la voie progressive du bon, du beau et du juste, nous inclinant toujours de plus en plus dans votre amour et dans l'amour du prochain.

Daignez accueillir nos prières. Dans votre miséricordieuse bonté, sauvez de tout malheur et désespoir nos frères, nos parents, nos amis et toute la grande famille humaine, préservant les déshérités de ce monde des tentations de la misère et les heureux du siècle de la corruption des richesses. Donnez à ceux qui sont animés de bonne volonté, la réussite de leurs entreprises, que le succès des méchants ne les pousse pas à les imiter. Donnez aux voyageurs un heureux retour, aux malades, affligés, agonisants, les grâces de vos consolations divines ; secourez les veuves et les orphelins ; ouvrez les yeux de ceux qu'un aveuglement funeste retient dans des vices dégradants ; assistez les savants pour les préserver de l'orgueil, les égarant dans des spéculations et expérimentations affreuses, vous insultant inconsciemment dans vos pauvres créatures, leurs victimes.

Regardez d'un œil de compassion les nations prêtes à s'égorger et se détournant de votre loi sainte ; faites qu'en leur inspirant des solutions où leurs intérêts finiraient par se mettre d'accord, elles puissent enfin demeurer en paix et y laisser les autres, et qu'elles laissent régner la raison avec le bon sens.

Que les saints anges et les âmes de tous ceux qui nous ont été chers vous apportent nos prières et nos pensées, l'unité de nos pensées réalisant par avance notre réunion dans le ciel.

PARFUMS BÉNIS

ÉLÉVATION

La terre semble plus heureuse chaque fois que les enfants des hommes se réunissent pour remercier le Créateur de tous les dons qu'il active dans son sein ; la vie se repose dans cette dilatation qui n'a que Dieu pour objet ; la nature se purifie sous les bénédictions qu'elle voit monter vers le Seigneur des seigneurs, vers le Dieu des dieux ! l'humanité est moins triste en ce jour où chacune de ses plaies est trempée dans l'onction réfléchie d'une unité plus sainte et plus parfaite.

Sois béni, jour du Seigneur, fête paternelle et maternelle, trêve sacrée dans laquelle tous les frères oublient leurs peines, leurs douleurs, leurs lassitudes et leurs fatigues personnelles, pour attirer du sein béni du Tout-Puissant, le bien le plus salutaire et le plus universel !

Ah ! Seigneur, ce jour n'est-il pas le jour par excellence, où l'amour fraternel marche de pair avec l'amour filial ? n'est-ce pas la noble halte entre le ciel et la terre, où les enfants d'un même Père viennent épancher le trop plein de leur âme dans le sein aimant et miséricordieux d'un même Dieu ?

Montez, montez, vrais parfums bénis de l'amour fraternel ! Montez, chants sacrés qui n'êtes produits que par des cœurs libres et par des intelligences s'aimant les unes les autres ! Oh ! qu'ils sont harmonieux ces cantiques qui montent du grand pénitentiaire des hommes jusque devant le trône de Celui qui a créé les anges ! Qu'ils sont purs ces accents d'une piété aimante et dévouée ! Qui n'oublierait devant eux les suaves rosées d'Hermon et les brises embaumées que chantèrent si souvent les poètes de Jérusalem ! Quelle huile sainte, quelle féconde onction sera comparable à cette tendre affection d'une assemblée de frères qui ne font tous ensemble, par une justice éclairée, qu'un seul cœur, qu'une seule âme et un même esprit ? Quelle est la paix traduisant Dieu comme cette paix sans bornes qui attire les cieux sur la terre et dont les élévations suprêmes approchent elles-mêmes du doux regard des cieux ?

Oh ! c'est toi, paix fraternelle, qui descends des complaisances divines de notre Père céleste ; c'est toi, douce foi, vivante alliance de charité et d'amour, c'est toi qui éveilles en nous les plus nobles sentiments, les plus pures et les plus fécondes pensées !

Qu'ils sont beaux les jours où l'œil de l'Eternel s'arrête sur une aimante assemblée de frères ! Qu'ils sont beaux ces jours où, réunis au nom du Seigneur dans l'esprit de sa divine présence, quelques-uns s'oublient eux-mêmes pour être les pleurs, les cris, les larmes, les gémissements, la douleur et la prière de tous ! Merci de ces jours, ô souverain Seigneur, diffusion suprême de charité et de sympathie ! Merci pour le bonheur qu'ils apportent à notre terre et à notre exil ! Que nos bénédictions montent vers vous, Seigneur, comme nos cœurs sentent le besoin que les vôtres nous arrivent.

Ecoutez-nous, divin Seigneur, Père bon, providence généreuse ; écoutez, ô vous qui nous avez appris à bénir et à aimer ! Ecoutez cette assemblée de frères qui, sans être aussi nombreuse qu'elle le désire, vous conjure de voir en elle l'expression vivante de toutes les actions de grâces qui vous sont dues par notre fraternité universelle ! Nous vous supplions, par la commune foi qui nous rassemble, de répandre votre onction consolatrice sur tous nos pauvres frères qui souffrent des peines si amères du cœur, des inquiétudes si fatigantes de l'esprit, des maux si aigus du corps. Couvrez tous les abîmes du désespoir, arrêtez la main de tous les égarés qui tiennent ou qui cherchent les armes du suicide ; ramenez la confiance dans ces malheureuses consciences si inconscientes de votre miséricorde et de votre bonté ; reposez ces pauvres âmes qui se sentent succomber sous le poids écrasant de leurs pensées ; calmez ces énergiques natures qui prennent les fièvres qui les dévorent pour un saint enthousiasme, pour une sève de justice et pour un bien véritable ; faites briller dans la nue un de ces blancs rayons qui remettent l'égaré dans sa voie, qui sauvent l'enfant du désert, qui montrent au voyageur la profondeur du ravin et la pente glissante du précipice. Arrêtez, par la douceur de votre souffle, les terribles conflagrations des éléments par lesquelles s'excitent, s'animent tant d'orages désastreux, tant de funestes tempêtes. Parlez aux flots déchaînés, afin qu'ils ne s'élancent point, emportant ou écrasant dans leur fureur des peuplades presque entières, des voyageurs, des nautoniers et des navigateurs.

Chassez des campagnes et des cités ces effrayants fléaux qui les désolent si souvent ; donnez aux prières de ceux qui ont le bonheur de vous connaître, un parfum assez puissant pour dévorer la peste et la famine, une charité si active qu'elle empêche toute guerre, qu'elle dissolve toutes les armes capables de servir à l'homicide et surtout à ces assassinats fraternels dans lesquels ceux qui restent vivants sur les cadavres de leurs frères se font appeler vainqueurs.

LE CREDO DU NOUVEAU-SPIRITUALISME

Je crois en Dieu, créateur des mondes visibles et invisibles, qui a tout fait transformable et perfectible dans un but d'harmonie éternelle. Je crois au Père Tout-Puissant des humanités de tous les globes. Je crois que mon âme, émanée de Son sein fécond, gravite autour du foyer brillant de Son Intelligence comme les astres autour du Soleil, et qu'elle en reçoit la lumière et la force. Je crois que je vais à cette grande Ame des âmes par des degrés ascensionnels et purificateurs; que je gravis les échelons spirituels au moyen des existences successives, dans ce monde ou dans d'autres, et que je peux toujours, par les efforts de ma volonté et l'union magnétique de mon Esprit avec Dieu, racheter les fautes du passé envers la société, envers ma famille, mes amis et moi-même. Je crois à la solidarité des souffrances dans le monde visible et dans le monde invisible, en vue d'une harmonie finale de paix et d'amour.

Mon Dieu, je crois en Votre Toute-Puissance, par les Merveilles de la Création qui frappent mes yeux ; mais je crois surtout en Votre extrême Bonté, par les sentiments que mon cœur éprouve.

Je crois fermement à la Loi d'Amour par laquelle tous les hommes s'élèvent et s'épurent, et je suis absolument certain que le mal étant le malheur, il n'y aura que des heureux sur la Terre lorsqu'il n'y aura plus de méchants. Etre bon, c'est aimer ses frères en humanité, et aimer ses frères, c'est Vous aimer. O merci, mon Dieu, qui avez mis à côté de la solidarité des peines, la collectivité des joies. Merci de nous avoir réunis dans les mondes en familles, en groupes, en légions, en phalanges, pour vivre tous ensemble, unis en un seul cœur ; pour nous fortifier les uns par les autres, aider aux ascensions des attardés et guérir les souffrants. Inspirez-nous ce que nous devons faire pour hâter la délivrance des âmes captives sous le poids des passions grossières et de l'ignorance ; soutenez-nous dans la lutte contre tout ennemi du progrès et ne permettez pas que nous confondions jamais le zèle pour l'établissement des vérités nouvelles avec les entraînements coupables de notre propre caractère; faites que nous persuadions sans jamais offenser par nos actes ou par nos paroles.

Père Tout-Puissant, envoyez sur la Terre l'Ange de Rédemption, car je crois en Sa venue pour le salut du genre humain et la libération définitive de notre Terre d'épreuves.

Rendez de plus en plus grands et forts, courageux et invincibles, zélés et dévoués, ceux que vous avez établis militants pour préparer VOTRE RÈGNE. Je crois en Votre Règne, mon Dieu, j'y crois avec certitude; j'aspire de toute mon âme à le voir se lever glorieusement. Le *Règne de l'Esprit* annoncé, qui commence, est la preuve bénie qu'en croyant en Vous et en Vos promesses, je suis sur la voie du vrai bonheur, avec mes frères, par la Loi d'Amour.

PRIÈRES ESSÉNIENNES

(*Extraites du Formulaire Essénien*)

INVOCATION

AU PÈRE DE LA FAMILLE HUMAINE

JUSTICE IMMUABLE qui nous inspire l'amour du Bien.

AMOUR SUPRÊME qui nous oblige à faire l'union dans la Famille.

FORCE INTELLIGENTE qui soutient et régularise l'équilibre des Mondes.

PUISSANCE ILLIMITÉE qui nous donne la force de supporter les épreuves de la vie.

CELESTE MOTEUR de tout ce qui existe dans l'univers.

DIVINE LIBERTÉ qui nous a donné le libre arbitre afin de mériter ou de démériter.
ANDROGYNE DIVIN qui nous inspire le respect de la Femme que tu as créée Mère et première Institutrice de l'Humanité.

PÈRE DE LA FAMILLE TERRESTRE

O Toi qui lis les pensées les plus secrètes du cœur de l'homme, tu connais le vœu le plus cher des *Notres*, c'est pourquoi,

CHER PÈRE ADORÉ,

Nous mettons notre confiance dans ta SOUVERAINE BONTÉ, que nous supplions d'accueillir notre *Dévouement* pour le triomphe de la *Justice et de la Solidarité*, afin que ton règne arrive pour le Bonheur de nos Frères de toutes les Nations, sans distinction de culte !

O Père Bien-Aimé, quelles que soient les difficultés du chemin à parcourir, soutiens nos efforts dans l'enseignement de ta Loi Divine et daigne protéger l'œuvre de tes Fils dans leur apostolat d'apaisement, de Paix et d'Union, pour la délivrance de la Famille Humaine.

Au nom du Père — Au nom des Fils — Au nom de la Fraternité — Qu'il en soit ainsi.

INVOCATION AU MESSIE DES ESSÉNIENS

I

Chaste Fille du Ciel, Archange de la Terre,
Qui jadis avez pris le Glaive de la Guerre
Pour sauver les Français ;
Sur nous jetez les yeux, accueillez vos fidèles,
Car vous êtes pour eux le plus Beau des Modèles
Qu'ils suivront désormais.

II

Vous êtes notre Egide et notre poésie,
Notre Honneur, notre Gloire et notre doux Messie
Pour nous rendre vainqueurs.
O soyez avec nous, dans les jours de souffrance,
Notre Guide aux combats pour cette délivrance
Des Esprits et des cœurs.

III

Jeanne Darc, pure Hostie offerte en sacrifice
Pour un culte sacré ;
Notre amour pour le Bien, le Devoir, la Justice
Par Vous est inspiré.
Pour tâche, nous devons combattre l'arbitraire
Chez les ambitieux,
Et vous suivre quand même au chemin du Calvaire
Qui conduit vers les Cieux.

Au nom du Père — Au nom des Fils — Au nom de la Fraternité — Qu'il en soit ainsi.

ASPIRATIONS DE L'AME POUR LES TEMPS DE TROUBLES SOCIAUX

Mon Dieu, nous sommes trop ignorants, trop incomplets pour juger de vos desseins, et nous risquons d'accuser nos meilleurs frères et de travailler à leur perte. Puisque nous sommes si petits sous ce manteau de chair qui nous écrase et nous aveugle, je vous en prie, emportez notre esprit au-dessus de tout, afin que nous agissions dans la liberté rayonnante et que nous soyions forts parmi les forts de votre armée céleste. Nous prions pour les égarés, pour les malades, pour les pauvres surtout, car la pauvreté rend injuste et haineux. Nous prions pour que la paix rentre dans les âmes malgré les orages de la guerre civile, malgré les conflagrations d'Etats, malgré le courroux des éléments, car, mon Dieu, si vous avez voulu en notre temps un déchaînement des forces, nous pressentons que c'est pour ouvrir les voies qui restent fermées à nos intelligences, et nous aspirons aux félicités que vous tenez en réserve pour vos élus.

PRIÈRE POUR LA FRANCE

Dieu de justice, tes enfants réclament ton secours pour la France bénie dont tu as fait un berceau de prédilection, où reposent, jusqu'à l'heure des majorités spirituelles, les sujets de ton amour, prêts à manifester ta grandeur.

Dieu de justice, nous te prions pour le coin béni que tu abrites, en vue de prodiges à venir.

Eloigne les fluides malsains, éloigne les terreurs, les mauvais rêves, les mauvaises pensées, les colères, les haines, la maladie, de ce berceau des enfants prédestinés qui t'aiment et espèrent en toi.

Nous savons que ce que l'on nomme ta justice, est l'exercice d'une grande loi à laquelle ton cœur a présidé d'abord. Le mal doit disparaître. Il ne peut disparaître que violemment; mais, fais que nos âmes, par un travail constant fluidique, préparent les voies pour adoucir les chocs terribles qui doivent fatalement se produire.

Sois avec nous, protège-nous, car nous voulons travailler pour Toi.

A LA MÈRE DES MÈRES

MÈRE ! Toi qui as porté dans ton sein les trésors de toutes les générations, mais qui n'as pas été comprise dans ta mission supérieure, ouvre à tes enfants les arcanes cachés.

Apprends-nous comment tu fus la Sagesse de tous les âges, la Raison de tous les temps, la Lumière de toutes les intelligences, l'embrasement fécond de la terre entière et la Flamme de tous les cœurs.

Apprends-nous comment tu fus toujours, comment tu seras toujours, comment ta personne auguste représente l'éternité même dans la puissance féminine souveraine.

Révèle-nous ce que veut dire ton mystère virginal allié à ton mystère de fécondation divine.

Ame maternelle d'où émanent tant d'âmes destinées à faire éclore le fruit de la Pensée de Dieu !

Regarde tous ceux qui t'implorent et ouvre leurs cerveaux comme tu as ouvert leurs cœurs.

Car l'on ne te comprend pas, Mère, dans ta grandeur mystique, mais l'on t'aime dans ton adorable simplicité et dans ta bonté souveraine.

On t'aime parce que tu es pénétrante, on t'éprouve avant de te comprendre.

Ton nom dit : Amour et Maternité dans l'amour.

Tu résumes l'amour de Dieu, l'amour des hommes, l'amour des Anges en Toi-même.

Ouvre-nous ton cœur, laisse-nous lire comment par toi tout mal peut se convertir en bien ; laisse-nous voir les secrets de ce Cœur.

Mère adorable ! Nous avons soif de savoir, et nous voulons réhabiliter ton nom parmi les enfants des hommes, et nous voulons dire que tu fus la plus grande des créatures de Dieu, et nous voulons le prouver.

Ouvre-nous ton âme entière pour que nous y voyions ces preuves qui pourront faire notre force devant l'incrédulité humaine ; donne-nous le mot caché dans ton Sein, ce mot qui est une Vérité, ce mot qui est la Lumière même !

Ton cœur est le miroir de la Sagesse de Dieu.

Le Père a mis dans le sein d'une femme toute la Loi écrite de la Création, nous demandons à connaître cette loi, et c'est la Pensée de Dieu même que nous voulons voir en Toi.

Exauce tes enfants, fais le bonheur du monde !

LA PRIÈRE

(Tirée des œuvres de Lamartine).

PRIÈRE ! O voix surnaturelle
Qui nous précipite à genoux,
Instinct du ciel qui nous rappelle
Que la patrie est loin de nous,
Vent qui souffle sur l'âme humaine
Et de la paupière trop pleine
Fait déborder l'eau de ses pleurs,
Comme un vent qui par intervalles
Fait pleuvoir les eaux virginales
Du calice incliné des fleurs !

Sans toi que serait cette fange ?
Un monceau d'un impur limon
Où l'homme après la brute mange
Les herbes qu'il tond du sillon !
Mais par toi son aile cassée
Soulève encore sa pensée
Pour respirer au vrai séjour,
La désaltérer dans sa course
Et lui faire boire à sa source
L'eau de la vie et de l'amour !

Le cœur des mères te soupire,
L'air sonore roule ta voix,
La lèvre d'enfant te respire,
L'oiseau t'écoute aux bords des bois ;
Tu sors de toute la nature
Comme un mystérieux murmure
Dont les anges savent le sens;
Et ce qui souffre, et ce qui crie,
Et ce qui chante, et ce qui prie,
N'est qu'un cantique aux mille accents.

O saint murmure des prières,
Fais aussi dans mon cœur trop plein,
Comme des ondes sur des pierres,
Chanter mes peines dans mon sein !
Que le faible bruit de ma vie
En extase intime ravie
S'élève en aspirations,
Et fais que ce cœur que tu brises,
Instrument des célestes brises,
Eclate en bénédictions.

RÉSOLUTIONS MÉDITATIVES

Au nom du GRAND COMMANDEMENT

dans le magnétisme divin : « Aimez-vous ! »

I

D'UN point du monde à l'autre et sans aucun esprit de parti, les enfants de Dieu sont appelés à concentrer leur pensée avec harmonie pour faciliter le travail du Nouveau Règne. Nous savons aujourd'hui que la distance n'existe pas pour les forces magnétiques spirituelles. Enfants du bon Père qui ne veut point de deshérités, fils de nos œuvres, ouvriers des édifications nouvelles, répondons ardemment et résolument à cet appel. Ecoutons les voix qui veulent parler en nous pour nous instruire, nous encourager, nous consoler ; répandons la bonne nouvelle des temps nouveaux, travaillons en nous, travaillons autour de nous, pour notre bonheur et pour celui de nos frères.

L'heure est venue de réaliser en actes puissants, le sens de cette sublime et idéale parole qui doit nous engendrer dans une nouvelle vie : Amour !

II

La Communion universelle des âmes est une transfusion divine dans nos cœurs. Notre but, en y participant, est de nous créer une force personnelle contre tout mal et malheur, de nous purifier, de nous éclairer ; surtout de coopérer à une harmonie de travail par le concours des intelligences d'élite et des cœurs sincèrement dévoués. Notre intérêt et notre devoir nous commandent des intentions droites.

III

Sincères avec nous-mêmes, nous le serons aussi avec nos frères en humanité. Nous avouerons notre foi sans fausse honte ; nous ne ferons aucune concession aux sots préjugés du monde. En face des méchants et des railleurs, nous resterons forts et fermes sous la bannière flottante des messagers de Dieu. Nous prierons pour nos ennemis et nous compterons sur les forces universelles agissantes, auxquelles nous prêterons toute l'énergie affective de nos cœurs, pour déjouer les plans ténébreux de l'Esprit du mal.

IV

Point de symboles ! point de temples ! point de sacerdoce ! point de communion ! se sont écriés quelques croyants à leur manière. Espérons qu'un jour, ces sectaires comprendront que le progrès ne se fait pas dans les régions sombres où ils se retranchent et où l'on ne trouve, au contraire, que l'entretien de la haine, de l'orgueil, de l'injustice, de la sécheresse du cœur, de la stérilité de l'âme, de l'aveuglement et de la paralysie en tout.

Ce n'est pas de dire que l'on ne veut pas que la terre tourne qui l'empêche de tourner ; ce n'est pas non plus de ne pas vouloir l'union des âmes qui l'empêche d'exister. L'union des âmes existe et elle se fortifiera de plus en plus, car nous nous efforcerons tous de la propager, avec l'aide de Dieu.

Elevons-nous plus haut que tous les dogmes et tous les rituels ; planons avec l'Invisible initiateur qui sonde les plaies humaines et prépare le baume cicatrisant. Espérons, attendons la grande Révélation que, seuls, de bons et puissants Esprits peuvent nous apporter. Ces Esprits sont nos dirigeants. L'Influence de dix mille hommes ne peut rien sur nous, si nous avons avec nous l'appui d'un seul ange. Or, ce sont des légions d'anges qui planent sur le monde ; c'est parce qu'ils aiment l'humanité souffrante et s'occupent de la guérir, que nous voulons avec eux tout aimer, tout embraser, en travaillant chacun selon nos forces à cette régénération universelle.

VI

Le sentiment d'amour est une force électro-magnétique. Quels que soient leurs sphères dans le temps ou dans l'éternité, les êtres sympathiques vibrent spontanément, touchés par les étincelles de la pensée d'Amour. Par cet amour seul on connaît la vraie vie en l'infini sous le regard de Dieu. C'est pourquoi nous nous efforcerons de n'avoir jamais en nous que de chastes désirs et des pensées pures, afin de ne point interrompre ou dénaturer le courant du magnétisme spirituel.

VII

L'hymen éternel c'est une union d'âmes de tous les mondes. Tout être qui sait comprendre et aimer, porte en lui l'élément du bonheur. Il faut s'exercer à étudier et à observer en nous tous les mouvements de l'âme et du cœur, afin d'arriver à comprendre ce que Dieu nous demandera, pour être dignes d'être nommés les enfants de son amour, dans les saintes réalisations de la vie régénérée.

VIII

On ne touche pas impunément à l'arbre de la science et il faut passer par les épreuves de l'initiation avec plus de sagesse encore que d'ardeur pour être un parfait initié ».

Ne tombons jamais dans le grave écueil qui consiste à nous croire privilégiés de Dieu, plus spécialement que nos frères. Ne croyons jamais que nos dons soient exceptionnels, notre pouvoir unique; que l'ambition de dominer par l'ascendant de nos facultés spéciales ne nous morde point au cœur. Ne faisons pas peser le joug de notre autoritarisme; ne causons pas beaucoup de mal sous le falacieux prétexte de l'ignorance d'autrui ou sa mauvaise volonté ; n'employons pas un zèle intempestif accompagné de paroles désobligeantes. Ne nous flattons pas de notre science. Qui est bien sûr de posséder la clef de la vraie science ?.. L'orgueil de notre raison peut nous faire tomber dans un faux jugement et, voulant aller plus vite et plus loin que tous, voulant dominer tout, nous risquerions de nous éloigner complètement du centre des harmonies divines, tout en portant préjudice à la cause de la Vérité.

IX

Puisque nous représentons une collectivité pour le Progrès du monde, nous sommes aussi très réellement solidaires pour le poids des fautes, et quand l'un des nôtres a failli, nous pouvons nous courber ensemble sous la vindicte publique. Nous tiendrons à l'honneur de notre famille spiritualiste et nous travaillerons à réhabiliter les déchus malheureux qui auront le regret de leurs fautes et le désir de les réparer.

X

Ne portons pas de jugements arbitraires et inconsidérés sur nos frères en humanité. Pouvons-nous savoir, si Dieu ne nous éclaire, qui est sage ou qui est fou dans le monde? Efforçons-nous d'éteindre notre vivacité malveillante ; ayons la prudence dans les paroles comme la retenue dans les pensées ; soyons respectueux de la Loi d'amour, inspirant toute indulgence lorsqu'elle est véritablement écrite en notre cœur.

XI

Les sages sont ceux qui écoutent et comprennent, veulent entendre et ne repoussent rien de parti pris, ne conservent aucun préjugé, aiment leurs frères et ne se découragent pas au milieu des haines, des divisions et des tribulations. Les sages sont toujours bons ; ils pardonnent.

Mon Dieu, aidez-nous, nous vous en supplions, à être des sages dans toutes les circonstances.

XII

Accordons notre confiance dans les deux mondes, le visible et l'invisible, non à ceux qui parlent le plus et s'imposent, mais à ceux qui pensent le mieux et agissent par la persuasion calme et réfléchie.

XIII

Autre chose est d'attaquer que de se défendre. L'homme doux et sage peut être obligé de se défendre énergiquement et, s'il tient l'épée comme autrefois les Hébreux, c'est précisément pour la défense. Il tient aussi la truelle pour édifier. S'il n'avait l'épée avec la truelle, il ne construirait que des édifices ayant toute la fragilité de châteaux de cartes. La lutte est dans la condition terrestre, la vie est un combat, et cette lutte sert à faire éprouver voluptueusement les délices de son contraste, la paix.

Un homme peut se trouver en guerre malgré lui, obligé de lutter pour la défense de la justice, du droit, de la vérité, et cependant être un homme de paix.

Que toutes les puisances magnétiques du bien nous enveloppent, afin que, dans le combat de la vie, nous restions toujours maîtres de nous et ne fassions jamais que la volonté de Dieu.

XIV

Retenons bien que, sans la fermeté dans la bonté, sans l'idée de justice, sans la sauvegarde du libre arbitre raisonné, sans la dignité, sans la vigilance, il n'y a point, il ne peut point y avoir de spiritisme possible, surtout de spiritisme expérimental; car faire du spiritisme expérimental dans de mauvaises conditions morales, c'est s'engager sur un terrain de combat après s'être défait de ses armes, et se trouver contraint, ou de grossir le nombre d'une troupe ennemie, s'en faisant le complaisant auxiliaire, ou d'être broyé par elle.

Ne pactisons point avec les Esprits inférieurs de ce monde ou de l'autre par le fait d'une coupable condescendance et d'une curiosité malsaine. Efforçons-nous de faire ascensionner les retardataires ; ne nous attardons point avec eux. Puisons dans les effluves de l'amour divin, puissant magnétisme des âmes, la force, les lumières et la vie, pour vaincre toute faiblesse, nous affranchir de la tyrannie et être victorieux de la mort.

Forts de notre foi, travailleurs de l'avenir, dans les ténèbres faisons pénétrer la lumière, et devant tout despotisme, serrons nos rangs et affirmons la sainte Liberté.

XV

Quelles que soient les ambitions, quelles que soient les ruses, le triomphe final appartient invariablement au bien. En l'être individuel et en l'être collectif sont toujours, dans un apparent désordre, tracées les lois fondamentales établissant l'ordre d'un équilibre parfait en la pensée de Dieu.

Nous comptons sur la Justice Éternelle pour ne pas nous aveugler sur nous-mêmes ; nous espérons que, par les souffrances qui seront pour nous une expiation et le choc en retour de nos mauvaises pensées ou de nos actes répréhensibles, nous ouvrirons toujours les yeux à la vérité des solidarités universelles. Nous ne voulons point souffrir, pourquoi ferions-nous souffrir nos semblables ? Mais si le mal est déjà fait sur autrui, nous ne nous plaindrons pas de la justice de Dieu sur nous et nous nous amenderons.

XVI

Le Dieu de tous les hommes a toujours été invoqué chez les Indous, chez les Persans, chez les Chinois, chez les Egyptiens, chez les peuples chrétiens et chez les nations mahométanes. Les Védas, l'Avesta, les livres de Bouddha, les livres Homériques, la Bible, les Evangiles, le Koran ont eu les mêmes procédés de révélation. La déchéance et le discrédit des révélations n'ont été causés que par l'orgueil des pontifes, par l'accaparement humain, par la cupidité. Toute religion a été pure en sa Loi morale, mais déviée dans son application : destinée à être un instrument de progrès, elle n'a plus été qu'un instrument de domination. En face de cela, qu'avons-nous à faire ? Nous surveiller dans les tendances vicieuses de la nature humaine, qui pourraient nous faire tomber dans les mêmes excès que nos devanciers et nous rendre coupables d'injustice et de parti pris.

XVII

Notre religion, c'est la religion de l'Amour, la religion du Christ, non plus limitée, resserrée par les prêtres, mais élargie et enfermant dans son vaste sein toutes les religions et toutes les philosophies spiritualistes. Elle appelle tous les hommes à la communion universelle.

C'est pourquoi nous aimerons tous nos frères sans exception et que nous ne critiquerons en rien leurs croyances. Nous emploierons les moyens de l'exemple et d'une douce persuasion pour recruter des adhérents à la grande et unique religion de l'avenir, dont la Communion d'amour universel établit les fondements.

XVIII

Un grand philosophe a dit : « Le spiritisme est une révélation nouvelle qui dépasse toutes les religions ». C'est précisément parce que toutes les religions sont dépassées par le spiritisme, que notre travail en est plus facile, si nous voulons bien le comprendre. Ce n'est point parce que les pontifes des âges qui nous ont précédés sont tombés en défaveur, qu'il faut trancher de suite et arbitrairement en souverains pontifes nous-mêmes. Dieu fera place à la Révélation supérieure qu'il a promise par la voix de tous les inspirés.

XIX

Toutes les grandes religions, le Brahmanisme, le Bouddhisme, le Magisme, le Polythéisme, le Judaïsme, le Christianisme comptent leur durée par des milliers d'années, leurs adeptes par des centaines de millions, et cependant aucune n'a pu devenir la Religion Universelle. Evidemment, c'est que le monde n'était pas mûr pour une si parfaite harmonie. Et l'harmonie du monde, telle que la rêvent toutes les grandes âmes, ne peut pas être l'œuvre d'un jour, ni celle d'une seule Révélation, d'un seul Messie.

Tout dans la nature nous donne une souveraine leçon, c'est que le progrès est lent et qu'il est l'œuvre de transformations successives et calculées. Par tout ce que nous enseignent l'histoire et la science, nous voyons la marche du progrès; conséquemment, l'âge d'or ne peut pas être en arrière.

C'est le *Nouveau-Spiritualisme* qui nous y conduira.

Nous devons travailler à préparer les voies, par le magnétisme spirituel ou communion des âmes, aux Esprits de *Lumière* et d'amour dont le Règne s'établit. Rien ne peut arrêter les desseins de Dieu; soyons les fidèles soldats de la vérité en Lui.

PREUVES ET CONCORDANCES PAR LES VOIX SPIRITUELLES

qui se font entendre dans le monde entier

Extrait du discours de l'Esprit Salem à l'ouverture de la première réunion à la « Lumière »

LE 27 OCTOBRE 1887

« MON Dieu, que ceux que vous avez réunis par la pensée aujourd'hui, ne fassent qu'un seul et même cœur en vous ».

« Ce n'est pas une idée qui est jetée dans le monde,
« c'est un ordre qui est donné !

« Les Esprits de Lumière appellent au grand
« banquet fraternel des mondes solidaires, toutes les
« âmes rayonnantes et vibrantes sous l'influx de
« Dieu. Les hommes ne comprendront pas de suite
« l'importance de ce travail ; ils ne comprendront

« pas pourquoi on fait communier ensemble les
« partis dissidents. Ah ! c'est que Dieu ne répudie
« personne et que partout il y a un peu de vérité.

« Mais une vérité lumineuse plane sur le monde
« en ce moment ! C'est une apothéose de vivants
« qui se prépare et une descente d'Esprits de Lu-
« mière. Qu'importe, pour les légions immenses qui
« combattent pour la liberté spirituelle et son pro-
« grès, les différences de peuples et de religions ?
« Les grandes âmes sont de partout.

« Cessez de jeter l'anathème et les malédictions.
« Dans le camp que vous dites ennemi, vous pouriez
« y frapper un frère.

« Dans les partis opposés, il y a l'élite par le
« cœur et par l'intelligence, et, de ce choix, sortira
« l'étincelle magique qui embrasera le monde.

« Le feu, puissance souveraine, est répandu par-
« tout, l'embrasement est universel et, pendant que
« vous ergotez sur les mots, un divin triage se fait
« et un grand travail s'accomplit.

« Tous les événements sont réalisés dans le
« monde fluidique avant de l'être dans le monde
« matériel. Cette vaste association existe donc dans
« le monde spirituel entre tous les militants incar-
« nés et désincarnés répandus dans toutes les par-
« ties du monde. Et voilà pourquoi nous apportons
« nos hommages de reconnaissance à tous les tra-
« vailleurs de Dieu. Ils sont nos frères et nos amis.
« Toutes les douleurs dont nos auxiliaires sont

« abreuvés, auront une belle récompense; en atten-
« dant, nous couvrons nos aimés de fleurs de ten-
« dresse et nous buvons leurs larmes.

« Honneur au porte-étendard de la Lumière! A
« tous ceux et à toutes celles qui ont traversé le
« monde dans tous les siècles, y laissant la traînée
« flamboyante qui devait marquer les routes nou-
« velles ».

PAROLES DE L'ESPRIT JEAN DARCY (1)

L'UNION des mondes de la terre et des cieux a formé des sillons de feu à travers l'espace ; les hommes et les Esprits prient d'un seul cœur, et c'est comme une seule grande voix que l'on entend :

« Gloire à Dieu ! Gloire à ses Anges ! Gloire aux « protégés des Anges qui ont parcouru les étapes « du sacrifice et du martyre ! Gloire aux aimés de « Dieu !

« Courage et confiance au militant encore engagé « dans les voies douloureuses, car toutes les âmes « heureuses l'assistent !

« Espérance ! Dieu nous regarde !

---

(1) Adolphe Grange a été le fondateur administrateur de la revue *La Lumière*. Il écrivait sous le nom de Jean Darcy, qui ressemblait au nom de Jeanne Darc, pour laquelle il avait un culte de prédilection.

« Merci à tous ceux qui ont contribué à la propa-
« gation de la bonne nouvelle sur la terre sombre
« et désolée ! Merci à tous les Esprits comme à
« tous les hommes qui se sont prêtés un mutuel
« appui dans l'œuvre rénovatrice !

« Formons des vœux et prenons des engagements
« de devoir et d'honneur, car c'est l'heure où une
« grande action collective va devenir nécessaire.

« Soyons forts et soyons prêts ! »

COMMUNICATION OBTENUE PAR Mme EAGAN

A WALLA WALLA

Le 1er janvier 1888

DE L'ESPRIT ADOLPHE GRANGE

Vous serez étonnés, sans doute, que je vienne à vous, moi qui, incarné, vous étais complètement étranger. Aujourd'hui, la vie spirituelle nous réunit, nous sommes tous enfants de la Lumière, travaillant sous l'œil du Père Éternel. Je suis toujours heureux lorsque je rencontre des âmes ouvertes aux vérités de la nouvelle dispensation ; ne sommes-nous pas tous frères et sœurs sous ce grand Soleil régénérateur ? De ce Soleil radieux émanent les rayons de la Communion des âmes ; en d'autres termes, la Communion des âmes est un effet provenant d'une cause ; cette cause c'est le grand centre lumineux dans lequel et par lequel toute chose existe et se meut.

« Beaucoup de belles choses vous attendent, ainsi que tous ceux qui luttent pour l'avènement de l'ère nouvelle; que l'envie, la haine, le mensonge et la malice soient bannis à jamais, et que la Paix, l'Amour et l'Harmonie règnent à leur place. — Oui, le grand centre rayonnant, c'est l'Amour; c'est sous sa loi bénie que sont appelés tous les enfants de Dieu sans distinction de croyance, de race ou de couleur. Que tous les efforts tendent donc à s'unir étroitement à cette force prédominante qui est Dieu. La liberté donnera aux hommes les conditions nécessaires pour recevoir son influx divin, et ce ne sera que lorsqu'ils auront appris à se fondre dans une parfaite harmonie, que « Ton règne arrivera, mon Dieu, et que ta volonté sera faite sur la Terre comme elle l'est au Ciel !

« Que les bénédictions de la paix soient en tous les adhérents de la Communion d'amour et que l'humanité puisse s'élever bientôt au-dessus du tourbillon des agitations et des vices qui la retiennent captive.

« Soyons tous des ouvriers fidèles, afin que la récolte produise des fruits riches et abondants qui se multiplieront sans cesse d'éternité en éternité. Remercions le Ciel qui permet à la bonne semence de prendre enfin racine sur le sol de cette planète, et qui fait briller sa rayonnante Lumière dans les coins les plus obscurs. Oh ! quand les ténèbres auront-elles disparu à tout jamais ? Quand serons-nous revêtus de vêtements de fêtes et conviés au banquet des élus ! »

Cette dernière exclamation d'Adolphe Grange comprend, non-seulement l'aspiration des Esprits vers le bonheur divin, mais aussi celle des légionnaires du monde terrestre et du monde invisible réunis et unis en un seul cœur, pour le divin travail. Notre grande fête est prochaine !

A la même date, l'Esprit Adolphe Grange avait annoncé à Paris qu'il allait envoyer de ses nouvelles par l'Amérique. Nous ne connaissions pas du tout le médium par lequel cette promesse pouvait être réalisée. Notre bon Adolphe Grange est un actif pour le bien et un vrai soldat de la vérité, dévoué au-delà, comme il le fut sur la Terre, au prix même de sa fortune et de sa vie. Que les vieux amis de la *Lumière* se rappellent toujours celui qui, sans peur de sacrifier tout au monde, en installa la fondation, puis alla continuer le bon travail dans l'espace, en union d'âme avec celle qui allait reprendre, ici-bas, la tâche matérielle interrompue.

Que dans ce petit livre de l'Amour universel, humanitaire, spiritualisé, souverainement magnétique et divin, un suprême hommage soit rendu publiquement à la mémoire d'Adolphe Grange, Jean Darcy !

Qu'un suprême hommage soit également rendu aux grands cœurs qui ont secondé l'œuvre de la *Lumière* et ont été un salut pour les deux militants placés aux postes dangereux, dans le combat contre les ennemis et les faux frères. Sans la pratique de la sainte solidarité, sans abnégation, sans sacrifices, on ne saurait féconder le champ de la Vérité de Dieu sur la Terre.

Il faut que les enfants de l'Amour de Dieu se dévouent ensemble d'un seul cœur pour participer aux joies ineffables et aux gloires immortelles du Cœur des cœurs.

LES NOUVEAUX PHÉNOMÈNES

ANNONCÉS PAR L'ESPRIT OD

Communication du 24 novembre 1884, qu'il est bon de faire connaître, quoiqu'elle soit antérieure aux précédentes.

Tous les phénomènes du magnétisme humain vont être effacés par ceux du magnétisme spirituel.

« Le but de nos démonstrations est d'élever les âmes ; par le magnétisme humain simple, on ne les élève pas.

« Soyez heureux en vos cœurs, vous êtes aimés. Des milliers de protecteurs vous entourent ; que pouvez-vous craindre ? Vous êtes le point central rayonnant aux quatre points du monde. Et, remarquez-le bien, tous ceux qui ont le bonheur d'être placés dans le rayon direct et ardent de la Lumière, sont favorisés de Dieu et heureux en toutes leurs actions, autant que, sur la Terre, on puisse être heureux.

« Au contraire, ceux qui se retirent dans les parties assombries, n'ont plus ni chaleur, ni lucidité, ni succès, ni bonheur.

« Quand les événements s'accomplissent dans notre monde, ils préparent les vôtres, parce que la population Terrienne est placée pour agir par commotion et reflet ; mais il faut, à nos conceptions, un temps déterminé pour éclore en vos cerveaux. Ce temps est variable.

« Certains êtres éprouvent de suite le contre-coup de nos actes et de nos pensées. Ce sont presque des Esprits. Vous les appelez *médiums*. C'est bien ; mais il faudrait deux mots au lieu d'un, car le simple médium n'est rien à côté de cette catégorie d'êtres, vivants sur la Terre comme s'ils étaient des habitants de l'espace. Appelez-les des *spiritualisés* et non des médiums. Ils n'ont pas besoin d'être influencés; ils viennent d'eux-mêmes puiser en l'atmosphère spirituelle les forces nécessaires. Ils vivent plus aérifiés que solides. Ils sont rares et leur exemple n'établit point une loi générale. Ils sont l'exception ; mais cette exception, dans votre humanité, c'est sa force.

« Voilà ceux qui, forcément, doivent se réunir; seuls entre eux ils peuvent s'entendre. Qu'importe s'ils ne sont pas compris ! l'essentiel est que leur travail soit fait. Il le sera, car les spiritualisés sont des forts et des persévérants. »

Une magnifique étoile d'espérance éclaire la voûte céleste et réjouit tous nos cœurs unis, en leur disant, par sensation intime, que de ce vaste amour naîtront les prodiges de la bonté de Dieu. Rendons-nous dignes des opérations divines et soyons heureux ; c'est facile lorsque l'on est aimé.

TABLEAU DES HEURES CORRESPONDANTES

entre les différents pays

L'heure varie pour tous les pays, suivant les latitudes. Quand il est midi à Porland (Orégon), il est 8 h. 19 m. du soir à Paris. Voici donc un petit tableau qui, tout incomplet qu'il soit, peut être très utile à consulter. Nous voyons une nécessité à ce que de tous les points de l'univers, les fidèles de nos croyances soient réunis au même instant comme en une seule séance.

Paris (France)..............	8 h. 19 min.	du soir
Bruxelles (Belgique)........	8 h. 27	Id.
Genève (Suisse).............	8 h. 34	Id.
Francfort (Confédération germanique).................	8 h. 43	Id.

Berne (Suisse)..............	8 h. 41	min. du soir
Londres (Angleterre).......	8 h. 11	Id.
Edimbourg (Ecosse)........	8 h. 01	Id.
Rome (Italie)	9 h. 01	Id.
Berlin (Prusse).............	9 h. 09	Id.
Vienne (Autriche)...........	9 h. 21	Id.
Jérusalem (Palestine).......	10 h. 31	Id.
Saint-Pétersbourg (Russie)..	10 h. 11	Id.
Constantinople (Turquie)....	10 h. 11	Id.
Dublin (Ecosse).............	7 h. 46	Id.
Lisbonne (Portugal).........	7 h. 49	Id.
New-York ville (Etats-Unis).	3 h. 15	après midi.
Norfolk (Virginie)..........	3 h. 05	Id.
New-Haven (Connecticut)...	3 h. 18	Id.
Lima (Pérou)	3 h. 04	Id.
Harrisburg (Pensylvanie)....	3 h. 03	Id.
Caracas (Venezuela)........	3 h. 46	Id.
Cap Horn (Am. Sud)........	3 h. 43	Id.
Halifax (Nouvelle Ecosse, .Amérique anglaise).......	3 h. 18	Id.
Ottava (Canada)............	3 h. 08	Id.
Buénos-Ayres (République Argentine)................	4 h. 18	Id.
Georgetonn (Guyanne anglaise)...................	4 h. 48	Id.
Burlington (Vermont).......	3 h. 18	Id.
Baltimore (Maryland).......	3 h. 08	Id.
Boston (Massachussets).....	3 h. 28	Id.
Augusta (Maine)............	3 h. 03	Id.

Buffalo (Etat de New-York).	2 h. 55	après midi.
Columbia (Etats-Unis)......	2 h. 48	Id.
Columbus (Ohio)............	2 h. 38	Id.
Chicago (Illinois)...........	2 h. 20	Id.
Detroit (Michigan)..........	2 h. 38	Id.
Frankfort (Kentucky).......	2 h. 33	Id.
La Havanne (Ile de Cuba)...	2 h. 51	Id.
Iowa, ville (Iowa)...........	2 h. 03	Id.
Indianapolis (Indiana).......	2 h. 28	Id.
Little Rock (Arkansas)......	2 h. 03	Id.
La Nouvelle-Orléans (Louisiane)..................	2 h. 11	Id.
Panama (Nouvelle Grenade).	2 h. 53	Id.
Pittsburg (Pensylvanie).....	2 h. 51	Id.
Savannah (Georgie)..........	2 h. 48	Id.
Saint-Louis (Missouri)......	2 h. 11	Id.
Saint-Domingue (Haïti).....	3 h. 33	Id.
Santiago (Chili).............	3 h. 28	Id.
Washington (Etats-Unis)....	3 h. 01	Id.
Tallahasse (Floride).........	2 h. 33	Id.
Vicksburg (Mississipi).......	2 h. 08	Id.
Vera-Cruz (Mexique)........	1 h. 48	Id.
Denver (Colombie)..........	1 h. 08	Id.
Austin (Textas)..............	1 h. 43	Id.
Walla Walla (Etats-Unis)...	midi 18	Id.
Portland (Orégon)..........	midi »	Id.

La société de Salem a transporté son siège à Porland.

Il nous manque les heures de beaucoup de pays ; mais, pour ne pas retarder la publication de ce livre, nous nous bornons à l'exposé de ce tableau incomplet. Nous le compléterons un jour dans un numéro de la *Lumière*...........

La *Lumière* donne chaque mois les communications les plus importantes du 27.

EN VENTE A LA « LUMIÈRE »

BOULEVARD MONTMORENCY, 97, PARIS-AUTEUIL

Collection de la « Lumière », neuf années formant 5 vol. .... 50 fr.

Prophètes et Prophéties (Hab), 1 vol. (rare) 5 fr.

— édition de Hollande. .... 25 fr.

L'Unité de la Vie passée, présente et future ou l'Immortalité individuelle et collective (Pierre-Félix Courtépée), 1 vol .... 1 fr. 50

L'Inspiration profonde active (Sofia marquise A. Ciccolini), 1 vol. .... 1 fr.

Manuel de Spiritisme (Lucie Grange)

Un exemplaire	....	» 25 cent.
12 —	....	2 »
25 —	....	4 »
50 —	....	7 »
100 —	....	12 »

N° 2. — Le TRIANGLE *renfermant un* CŒUR et conforme au modèle placé en tête de ce livre est le Signe des Temps nouveaux par excellence pour tous nos amis, hommes femmes et enfants de toutes les parties du monde. Il représente la Communion d'Amour Universel dans le Nouveau Spiritualisme. C'est le Signe de Rénovation réalisant nos grandes espérances. Le Cœur divinisé dans le Triangle, sauve de tout mal et malheur et conduit à tous les triomphes. Dans les voies de lumière et d'amour, il n'y a jamais de vaincus, si la Force par la Foi en Dieu, nous y élève toujours plus haut.

Par le temps de persécutions occultes où nous sommes et pour combattre les effets des opérations du magnétisme du mal, des signes de violence et de corruption de la mauvaise magie, nous devons opposer le magnétisme du bien par le Signe de *Justice*, d'*Amour* et de *Paix*.

Ce modèle, adopté pour l'usage général, est en nickel, à anneau avec ruban moiré vert mousse. Prix du n° 2, par unité : 5 fr. — 25 fr. pour 6 du même modèle. — 40 fr. pour 10. — 45 fr. pour 12. — 50 fr. pour 15.

1 fr. pour le ruban à prendre facultativement.

Ces bijoux sont expédiés aux risques et périls du demandeur et à ses frais. Voie du chemin de fer. Désigner exactement la gare qui doit desservir.

Table des Matières

APPENDICE

FIN.

Bourg (Ain), typ. et lith. E. Bertéa, rue des Bons-Enfants, 17.

www.ingramcontent.com/pod-product-compliance
Ingram Content Group UK Ltd.
Pitfield, Milton Keynes, MK11 3LW, UK
UKHW031851260826
14628UKWH00002B/709

9 782019 723897